Klaus Grochowiak & Leo Maier
Die Diamond-Technik in der Praxis
Wie man Probleme *auflöst*, die man bisher nur *lösen* wollte
NLP & excellente Veränderungsarbeit

Ausführliche Informationen zu weiteren Titeln von Klaus Grochowiak
sowie zu jedem unserer lieferbaren und geplanten Bücher
finden Sie im Internet unter **www.junfermann.de**
– mit ausführlichem Infotainment-Angebot
zum JUNFERMANN-Programm

Klaus Grochowiak & Leo Maier

Die Diamond-Technik in der Praxis

**Wie man Probleme *auflöst*, die man bisher nur *lösen* wollte
NLP & excellente Veränderungsarbeit**

Junfermann Verlag · Paderborn
2000

© Junfermannsche Verlagsbuchhandlung, Paderborn 2000

Satz: adrupa Paderborn

Die Deutsche Bibliothek – CIP-Einheitsaufnahme
Grochowiak, Klaus:
Die Diamond-Technik in der Praxis: Wie man Probleme auflöst, die man bisher nur lösen wollte. NLP und excellente Veränderungsarbeit / Klaus Grochowiak, Leo Maier. – Paderborn: Junfermann, 2000
    ISBN 3-87387-434-2

ISBN 3-87387-434-2

Inhalt

Einleitung

In diesem Buch wird eine besondere Form der Veränderungsarbeit vorgestellt, die gleichermaßen geeignet ist für therapeutische Hilfestellung, für Coaching sowie für Beratungssituationen, und die auch für einen persönlich im Alltag von großem Nutzen sein kann: die Diamond-Technik.

Das entscheidende Kennzeichen dieser neuen Methode besteht darin, daß Probleme nicht mehr *gelöst* werden, sondern sich buchstäblich *auflösen*. Nun, das klingt zugegebenermaßen sehr nach einem magischen Wundermittel oder nach einer Zauberfee. Damit hat es aber wenig zu tun. Die Grundlage der Diamond-Technik ist vielmehr ein durchweg rationales Herangehen – aber davon später mehr.

Das Hauptaugenmerk liegt auf der konkreten Anwendbarkeit und auf der Vermittlung einer praxisnahen Kompetenz. Die Leserin und der Leser dieses Buches sollen in die Lage versetzt werden, die vorgestellte Technik bei sich und bei anderen erfolgreich anwenden zu können.

Wenn somit die praktische Beherrschung sehr im Vordergrund steht, sollen dennoch die eher theoretischen und philosophischen Aspekte des Diamond nicht unberücksichtigt bleiben. Das wird in eigens ausgewiesenen Kapiteln erfolgen (Abschnitt 3 und 4). Denn für die eine oder den anderen mag die Kenntnis dieser Grundlagen eine Hilfe und eine Bereicherung für den Umgang mit der Diamond-Technik darstellen. Es gilt jedoch: Die Kenntnis dieser Theorieteile ist *nicht* notwendig, um die Methode nutzbringend im persönlichen Alltag einzusetzen!

Mit Theorie ist es ja immer so eine Sache. Die einen lieben sie, die anderen lieben sie sehr viel weniger. Man braucht in einer Gruppe nur das Wort „Mathematik" fallen zu lassen, und schon bekommt ein eher kleiner Teil der Runde glänzende

Augen. Die meisten lassen sich nichts anmerken und versuchen, dezent das Thema zu wechseln, und ein gewisser Teil bekommt glänzende Augen – wenngleich aus anderen Gründen. Bei den Stichworten *mehrwertiges Denken* oder *polykontexturale Logik*, welche die theoretischen Grundlagen der Diamond-Technik bilden, wird das wohl kaum anders sein. Die Grundzüge dieses Ansatzes, der auf den deutsch-amerikanischen Philosophen Gotthard Günther (1900-1984) zurück-geht, werden im Abschnitt 4 vorgestellt werden. Wie gesagt: Wer sich dafür inter-essiert!

Entstanden ist die Diamond-Technik während eines NLP-Seminares vor etwa vier Jahren. Rudolf Kaehr, ein Schüler von Gotthard Günther und maßgeblicher Wei-terentwickler seiner Theorie, hat zusammen mit Robert Stein-Holzheim in einer Übungsgruppe das sogenannte *Core Transformation* durchgeführt. Dort wird, be-ginnend mit irgendeinem beliebigen Problem „A" beständig nach der „guten Ab-sicht" einer Sache weitergefragt:

Wofür ist A gut? Bzw.: Was wird durch A ermöglicht? – Antwort: B

Wofür ist B gut? Was wird durch B ermöglicht? – Antwort: C

Wofür ist C gut? Was wird durch C ermöglicht? – Antwort: D

usw.

Schon nach wenigen solcher Wiederholungen ergibt sich ein „höchster" Zustand, der sich nicht mehr überbieten läßt, der sogenannte *core state*. Manchmal benen-nen ihn die Leute als „Frieden", „Harmonie" oder „Eins-Sein". Und oft ist es auch ein Gefühl, das sich kaum noch mit Worten beschreiben läßt. Dieses gute Gefühl, diese „Ressource", wie NLP sagt, wird dann wieder „zurück"-transportiert, zu dem ursprünglichen Bereich A, mit dem man begonnen hat. Das geschieht mit der Fra-ge: Inwiefern bereichert und verändert der *core state* jeweils die vorherigen Zwi-schenzustände D, C, B? Und schließlich: Inwiefern bereichert und verändert der *core state* die Ausgangssituation A? Darin liegt der hohe therapeutische Wert dieser Intervention. Mit einem Male erscheint das alte Problem A im neuen Licht der Core-state-Ressourcen. So weit, so gut.

Hierbei wird aber nur nach den Ermöglichungen gefragt. Nun wurde spontan die Idee geboren, daneben auch nach den „Entmöglichungen" zu fragen und damit eine doppelte Liste anzulegen: Was wird dadurch ermöglicht? Was wird dadurch verhindert? Das war der Beginn der Diamond-Technik.

Seither ist diese Methode vielfach in der Praxis erprobt und eingesetzt worden. Sie wurde erweitert, weiterentwickelt und auf andere Felder und Bereiche übertragen. Dieser Prozeß ist noch in vollem Gange. Somit will das vorliegende Buch keine abschließende Beschreibung der Diamond-Technik liefern, sondern vielmehr eine Einladung darstellen, die Leserinnen und Leser an diesem spannenden Prozeß teilhaben zu lassen.

Der klassische Core State gehorcht einer *klassischen* Denkform. Denn von der (traditionellen) Logik her gedacht gibt es eine strikte Notwendigkeit, zu genau *einem* höchsten Punkt zu gelangen. Warum das so ist, soll an einem Beispiel dargestellt werden. Nehmen wir den Begriff „Auto" und fragen konsequent nach dem jeweiligen Oberbegriff:

Was ist der Oberbegriff von Auto? → Fahrzeug

Was ist der Oberbegriff von Fahrzeug? → Transportmittel

Was ist der Oberbegriff von Transportmittel? → Ding

Was ist der Oberbegriff von Ding? → Etwas überhaupt

Was ist der Oberbegriff von Etwas überhaupt? → ? ?

Irgendwann hört das Fragen auf, und man gelangt zu genau einem Punkt. Zu diesem gibt es dann keinen Oberbegriff mehr. Es entsteht eine *Pyramide*, die unten ganz breit ist und in einer einzigen Spitze mündet, wie vielfältig auch immer die Wege dorthin sein mögen. Auch wenn wir mit einer „Teekanne" als Startbegriff begonnen hätten, wären wir bei demselben Punkt „Etwas überhaupt" gelandet.

Besitzt aber auch das menschliche Leben eine und nur eine höchste „Spitze"? Gibt es nur das eine Gute vom Guten vom Guten ..., also das absolut Beste? Wenn dem so wäre, dann müßte das Leben konsequenterweise vor allem darin bestehen, diesen *core*-Zustand bzw. diesen Wert zu erreichen, und wenn er einmal erreicht ist, unter allen Umständen zu halten.

Vom Blickwinkel einer mehrwertigen Logik aus gesehen besitzt das menschliche Leben jedoch viele verschiedene Höhepunkte – nicht mehr nur einen einzigen. Dem versuchten Rudolf Kaehr, Robert Stein-Holzheim und andere dadurch Rechnung zu tragen, daß sie die Technik *Core Transformation* „mehrwertig" weiterentwickelten. Das war der Beginn der Diamond-Technik.

Das Stichwort NLP ist bereits gefallen. Kenntnisse in NLP sind zweifellos günstig – aber sie sind *nicht* notwendig für eine Aneignung der Diamond-Technik. Deshalb haben wir uns auch bemüht, nicht zu viele NLP-Fachausdrücke zu verwenden bzw. sie jeweils zu erläutern.

Ein kurzes Wort noch zum Aufbau des Buches. Im ersten Teil des Buches wird die Fragetechnik in ihren Prinzipien erklärt und vermittelt. Am Ende dieses Abschnitts 1 verfügt man bereits über das notwendige Handwerkszeug, um mit dem Diamond selbständig und effektiv umgehen zu können. Die anschließenden beiden Praxisbeispiele in Abschnitt 2 dienen der Veranschaulichung und der Einübung dieses neuen Wissens. Im dritten Abschnitt geht es um die eher philosophischen Aspekte des Diamond. Hier wird sich zeigen, daß das Diamond-Konzept beinhaltet, die gewohnten Bahnen üblicher Denkschemata zu verlassen. Im vierten und letzten Teil werden dann noch die formalen Fundamente des Diamond vorgestellt werden.

Genug der Vorrede! Das *Abenteuer* Diamond-Technik wartet auf Sie. Erlauben Sie uns nur noch, Ihnen viel persönlichen Gewinn und viel Spaß beim Kennenlernen des Diamond zu wünschen!

November 1999
Klaus Grochowiak, Leo Maier

1. Die Grundlagen der Diamond-Technik

Vom Problem zum Ziel

Für gewöhnlich beginnt eine therapeutische Arbeit oder eine Coaching-Stunde mit einem *Problem*, das jemand lösen möchte. Und auch wenn man sich selber in irgendeinem Bereich seines Lebens verändern will, ist das meist nicht anders. Es liegt irgendeine „Limitation" vor, eine Begrenzung. Man möchte etwas, schafft es aber nicht, oder man möchte etwas nicht (mehr), weiß aber nicht, wie man davon loskommen soll oder wie man es abstellen kann. Hier sagt man dann, es liegt ein *Problem* vor.

Das müssen keine großen Dinge sein, die das ganze Leben beeinflussen und prägen. Jemand hat auch ein *Problem*, wenn er sich für die Erstellung seiner Steuererklärung zu motivieren versucht, es aber einfach nicht schafft und die Arbeit immer wieder hinausschiebt. Oder ein anderer möchte zu rauchen aufhören, aber es gelingt nicht. Der erste Schritt für den Coach oder Therapeuten besteht dann darin, zusammen mit dem Klienten das genaue *Ziel* zu erarbeiten. Jetzt ist es noch so und so (das Problem), wie soll es sein (das Ziel)? Damit dieses Ziel „wohlgeformt" ist, wie es im NLP heißt, müssen drei wichtige Bedingungen erfüllt sein.

1. positiv formuliert

2. konkret

3. unter eigener Kontrolle

Zunächst einmal muß das Ziel also *positiv* formuliert sein. Damit ist folgendes gemeint: Wenn jemand in ein Reisebüro geht und sagt, er wolle *nicht* in den Süden fahren, dann hat er noch kein Reiseziel. Wenn nicht in den Süden, wohin dann? Auch *nicht* nach Alaska. Wiederum dasselbe. Erst wenn er weiß, er möchte *nach*

Skandinavien fahren, ist sein Ziel positiv umschrieben. „Positiv formuliert" besagt also, daß in der Beschreibung des Zieles kein *nicht, kein* oder *aufhören* vorkommen darf. „Positiv" ist hier also ein rein formales Kriterium und darf nicht als eine Wertung im Sinne von „gut" oder „unterstützenswert" mißverstanden werden.

Ist das erste Kriterium erfüllt, können auch die beiden weiteren Bedingungen eines wohlgeformten Zieles erarbeitet werden: die *Konkretheit* und die Frage, ob das Ziel auch *in der eigenen Macht* steht.

Um ein wirklich *konkretes* Ziel zu bekommen, fragt man: Was genau ist das Ziel? Wann, wie, wo, mit wem wird was genau gemacht? Vielleicht ergibt sich in unserem Beispiel nach der noch recht vagen Zielsetzung „nach Skandinavien" eine konkrete Festlegung auf „Städtetourismus in Schweden". Erst dann läge eine Wohlgeformtheit nach dem zweiten Kriterium der Konkretheit vor.

Entsprechendes gilt auch für das dritte Kriterium. Um Ziele von Wünschen abzugrenzen, muß gewährleistet sein, daß man das Ziel durch eigenes Zutun auch wirklich erreichen kann. Am nächsten Samstag im Lotto zu gewinnen, wäre demgemäß noch kein Ziel, sondern nur ein (frommer) Wunsch.

Steht es in deiner Macht, im Lotto zu gewinnen? – Nein

Was kannst du dazu tun, um im Lotto zu gewinnen?

Vielleicht ergibt sich dann als ein *konkretes Ziel,* den Lottoschein in dieser Woche wirklich auszufüllen und abzugeben. Für die geplante Städtetour durch Schweden muß also z.B. gewährleistet sein, daß sowohl die nötige Zeit als auch das nötige Geld vorhanden sind. Ansonsten hätten wir es bloß wieder mit einem Reise-*Wunsch* zu tun, aber nicht mit einem (wohlgeformten) Ziel.

Liegt nun ein solches Ziel vor, das diesen drei Kriterien der Wohlgeformtheit entspricht, dann sollte noch festgestellt werden, ob auch die innere *Erlaubnis* vorliegt, das Ziel wirklich erreichen zu dürfen:

Stell dir vor, du hättest das Ziel schon erreicht, was würde das für dich bedeuten?

Antwort: X

Darf das sein?

Denn es macht einen großen Unterschied, ob zwischen einem Problem und einem Ziel Schwierigkeiten liegen, für die der Klient Hilfe benötigt, oder ob er sehr wohl in der Lage wäre, das Ziel zu erreichen, aber unbewußt Konsequenzen fürchtet oder die Erreichung des Zieles für ihn im Grunde sogar etwas Inakzeptables wäre. Hier müßte dann zuerst an der Erlaubnisproblematik selber gearbeitet werden, bevor man das eigentliche Ziel umsetzen kann.

Die Bestimmung eines wohlgeformten und erlaubten Zieles ist von großer Bedeutung. Eine Problembearbeitung ohne eine klare Zieldefinition ist mühsam und meist wenig sinnvoll. Dieser Schritt nun von einem Problem hin zu einem Ziel ist auch der erste Baustein des Diamond. Man kann ihn folgendermaßen darstellen:

Als Beispiel wollen wir keine therapeutische Problematik aufgreifen, sondern ein „Problem" aus dem Freizeitbereich wählen. Nehmen wir an, jemand spielt sehr gerne Schach, verliert aber meistens gegen einen bestimmten Schachpartner. Als Ziel setzt er sich nun, in Zukunft öfters zu gewinnen. Wir unterstellen der Einfachheit halber, daß es sich hierbei bereits um ein „wohlgeformtes", also auch um ein realistisches Ziel handelt. Es liegt tatsächlich in seiner Macht, das Ziel wirklich zu erreichen – etwa durch regelmäßiges Üben oder durch das Studium von Schachbüchern – und er hat eine konkrete Zielsetzung: Er möchte bis dann und dann so und so viele Schachpartien gewonnen haben. (Konkrete Ziele zeichnen sich dadurch aus, daß man zu einem klar bestimmbaren Zeitpunkt überprüfen kann, ob man sein Ziel erreicht hat oder ob man es nicht erreicht hat.) Vereinfacht ergibt sich dann folgendes Schema:

Abstrakt formuliert könnte man sagen, daß zu Beginn der Diamond-Technik immer ein Satz steht (z.B. „Ich verliere beim Schach") und dazu ein entsprechender Gegen-Satz gebildet wird („Ich gewinne beim Schach"). Dieser Gegen-Satz stellt meist eine *Negation* des Satzes dar. Hierbei kann man zwei Arten von Negationen unterscheiden:

Negation 1:   verlieren → nicht verlieren

Negation 2:   verlieren → gewinnen

Eine Negation erster Stufe würde dem ersten Kriterium der Wohlgeformtheit widersprechen, denn ein Ziel muß positiv formuliert sein. „*Nicht* zu verlieren" ist kein *positives* Ziel. Der psychologische Grund dafür liegt darin, daß der Vorsatz „nicht zu verlieren" immer noch innere Bilder von Niederlagen wachrufen würde. Als versteckte Suggestion bedeutet „nicht im Schach *verlieren*" für das eigene Unterbewußtsein sogar „verliere!". Erst in der positiven Beschreibung „Ich will die Partie *gewinnen*" werden innere Bilder des Spielerfolges wachgerufen und entsprechende Energien freigesetzt. Festzuhalten bleibt aber, daß es sich von der Logik aus gesehen auch hier noch um eine Form der Negation handelt, eben eine Negation 2. Dieser Aspekt hat für den Diamond wichtige Konsequenzen. Denn für eine *Lösung* genügt es, dieses „Feld" der Negation zu erreichen. In unserem Beispiel also, zu gewinnen anstatt zu verlieren. Eine *Auflösung* hingegen besteht darin, diesen Rahmen insgesamt zu verlassen. Hier wird es dann gar nicht mehr um die Fragestellung von Verlieren und von Gewinnen gehen. Aber davon später mehr.

Fassen wir noch einmal kurz zusammen. Der Ausgangspunkt für den Diamond ist ein „Satz". Typischerweise wird es sich in Beratungs-, Coaching- oder Therapiesituationen bei diesem „Satz" um ein Problem handeln. Und die Lösung ist dann der entsprechende „Gegen-Satz":

Schon hier sei jedoch angemerkt, daß dieser Gegen-Satz nicht immer eine klassische Negation zu sein braucht. Ein *Gegen-Satz* kann auch einfach nur aus einer *Gegenüberstellung* von zwei unterschiedlichen Momenten bestehen. So läßt sich die Diamond-Technik auch sehr gewinnbringend auf Themenfelder wie z.B. Mitarbeiter/Vorgesetzter oder Mann/Frau anwenden. Hier läßt sich aber nur mehr in einem sehr eingeschränkten Sinn davon sprechen, daß das eine Negation des anderen sei.

Bislang ist alles noch recht unproblematisch. Jemand hat ein Problem, er entwikkelt ein wohlgeformtes Ziel und er sucht, wie er von der Problemsituation zur entsprechenden Lösung kommt. Deshalb können wir uns gleich dem nächsten Schritt der Diamond-Technik zuwenden: der Entdeckung des *Sowohl-als-auch*.

Die Entdeckung des Sowohl-als-auch

Gegenüberstellung war die erste Grundfigur, aus der sich der Satz und der Gegen-Satz aufbauen. Einem Problem wird z.B. ein Ziel gegenübergestellt. Als nächstes wird ein neues logisches Motiv eingeführt: die Frage nach dem *Sowohl-als-auch*. Hierbei geht es abstrakt gesprochen darum, was *sowohl* der Satz *als auch* der Gegen-Satz ist. Das ist allerdings noch sehr kompliziert ausgedrückt. Verständlicher formuliert lautet die nächste Fragestellung der Diamond-Technik: *Was haben das Problem und das Ziel gemeinsam?*

In unserem Beispiel also: Was haben „im Schach verlieren" und „im Schach gewinnen" gemeinsam?

Diese Frage nach der Gemeinsamkeit von Problem und Ziel ist oft dazu angetan, Leute zunächst zu verblüffen. „Nichts natürlich!" ist nicht selten die spontane Antwort. Aber ganz so „natürlich", wie das zunächst scheinen mag, ist das eben gerade nicht.

So könnte bei dem Schachbeispiel eine mögliche Antwort darin bestehen, daß es sowohl bei dem einen als auch bei dem anderen immer jeweils einen Sieger und einen Verlierer gibt, das ganze also ein sogenanntes „Nullsummenspiel" ist. Nur wenn einer verliert, kann der andere gewinnen. Im Englischen würde man davon sprechen, daß es sich um ein Spiel im Sinne von „game" handelt. (Wir werden diesen englischen Ausdruck benutzen, um ihn später von dem Spiel als *„play"* abgrenzen zu können.)

Die Antwort nach dem *Sowohl-als-auch* wird in die Mitte über den Satz und den Gegen-Satz geschrieben. Unser Beispiel-Diamond hätte damit folgende graphische Form:

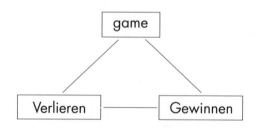

Wiederum allgemein dargestellt:

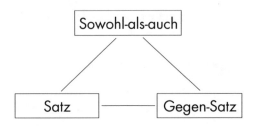

Dieser neu dazugekommene dritte Punkt wird nach dem griechischen Wort für „Fülle" als *Pleroma* bezeichnet (Betonung auf der ersten Silbe). Das Pleroma ist „voll" von dem Inhalt des Satzes *und* dem Inhalt des Gegen-Satzes. Was ist das Gemeinsame von Verlieren und Gewinnen? Was ist das Verbindende von Problem und Ziel? In welchem Sinne sind sie einander ähnlich? Was ist die Kategorie oder der Rahmen, dem beide gemeinsam angehören?

Wenn zu einem Problem ein Ziel erarbeitet wurde, dann stellt die Frage nach diesem Pleroma oft eine völlig neue Dimension des Problemverständnisses dar. Um sie beantworten zu können, bedarf es gewissermaßen eines „Heraustretens" aus der bisherigen Vorstellung von Problem und Lösung. Denn nur „von außen" fallen einem die Gemeinsamkeiten und Ähnlichkeiten zwischen den beiden Feldern überhaupt auf.

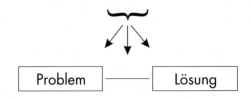

Bisweilen kann es ziemlich überraschend sein, was die Frage nach dem Pleroma als Antwort ergibt. Wie etwa bei Martina[*], einem Single Anfang Dreißig. Sie kam in die Beratung mit dem Problem, daß sie „zuviel allein" sei. Ihr Ziel war konsequenterweise, „mehr unter die Leute zu gehen". Nachdem das Ziel nach den Kriterien der Wohlgeformtheit ausgearbeitet worden war, stellte der Therapeut die Frage nach dem Pleroma, also nach dem *Sowohl-als-auch* von Problem und Lösung:

---

[*] Die Namen wurden jeweils geändert und auch die zitierten Gesprächssequenzen wurden so weit abgewandelt und verändert, daß die Anonymität der KlientInnen gewahrt bleibt.

Was ist das Gemeinsame von Alleinsein und Unter-den-Leuten-Sein?

[Darauf die Antwort, die sehr spontan kam:] Ein starkes Gefühl von Einsamkeit!

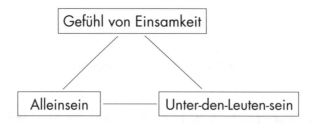

Sie war selber über ihre eigene Aussage erstaunt. Es war ihr bewußt geworden, daß die tiefer liegende Problematik, nämlich das Gefühl von Einsamkeit, sich auch dann nicht verändert hätte, wenn sie ihr erstes Ziel wirklich erreicht hätte. Die Lösung, mehr unter die Leute zu gehen, war noch nicht die Lösung, die sie wirklich suchte. Denn auch dort hätte sie sich noch einsam gefühlt.

Hier werden bereits erste Ansätze davon sichtbar, daß die Diamond-Technik über bisherige Lösungsorientierung hinausgeht. Denn nachdem das Ziel erarbeitet worden ist, wäre man daran gegangen, es möglichst effektiv zu verwirklichen. Und die Klientin hätte gute Chancen gehabt, anschließend wirklich „mehr unter den Leuten zu sein", so wie sie es zunächst gewollt hatte. Aber das wäre es eben noch nicht gewesen. *Nicht jede Problemlösung ist die Lösung des Problems!*

Das ist übrigens ein sehr typisches Ergebnis für das Arbeiten mit der Diamond-Technik: Die erste Lösung ist oft nicht die Form von Lösung, die möglich ist. Und ebenso: Was zunächst als Problem erscheint, ist oft gar nicht das Problem, das dann tatsächlich angegangen wird.

Später werden wir sehen, wie die Diamond-Arbeit bei Martina sich noch fortgesetzt hat. Dafür werden zusätzliche Elemente der Diamond-Technik benötigt werden. Zunächst wollen wir aber noch ein wenig bei dem Pleroma bleiben.

Peter ist ein junger Akademiker, der ziemlich große Probleme hatte, sich in seiner beruflichen Selbständigkeit erfolgreich zu etablieren. Dabei hatte er seit mehr als zwei Jahren viel Zeit und Energie in sein eigenes Unternehmen investiert. Aber der entsprechende wirtschaftliche Erfolg wollte sich, wie es schien, einfach nicht einstellen. Als er zum Coaching kam, war sein Problem die berufliche *Erfolglosigkeit* und konsequenterweise sein Ziel der wirtschaftliche *Erfolg*. Nachdem geklärt war, was das konkret bedeuten würde (Wieviel Gewinn? In welcher Zeit? Wie realistisch ist das? etc.), war es auch hier wieder die Frage nach dem Pleroma, die ihm einen ganz neuen Horizont für das Verständnis seines Problems eröffnete:

Was haben Erfolglosigkeit und Erfolg gemeinsam?

[Nach einigem Nachdenken:] Versagen!

Erneut eine verblüffende Antwort, die der Klient selber nicht erwartet hatte. Sie zeigte, daß selbst ein größerer finanzieller Erfolg – wenn er sich denn eingestellt hätte – für den Klienten noch nicht die tiefer liegende Versagensproblematik aufgelöst hätte. Mehr noch. Es ergab sich im weiteren Verlauf des Coachings, daß der Mann sich seinen beruflichen Erfolg unbewußt selber verbaute. Zum einen, weil selbst ein Erfolg noch immer unter der Überschrift von „Versagen" gestanden hätte und damit im Grunde nicht sehr attraktiv war. Und zum anderen, weil ein wirtschaftlicher Erfolg sein tiefer liegendes Problem deutlicher hätte zu Tage treten lassen. So hatte er es (unbewußt) vorgezogen, an einem ökonomischen Problem zu laborieren.

Was haben das Problem und das Ziel gemeinsam? Manchmal fällt es dem Befragten nicht leicht, darauf eine Antwort zu geben. Hier hat es sich als günstig erwiesen, entsprechende Beispiele zu bringen oder eine Metapher zu erzählen. Etwa folgende:

„*Bisweilen ist das ja wie mit sehr ungleichen Brüdern, wo man sich auch fragt, was haben die beiden nur gemeinsam?... und dennoch sind sie Brüder!*"

Auf keinen Fall sollte man es damit bewenden lassen, daß die Frage nach dem Pleroma unbeantwortet bleibt. Eine Antwort: „Das Problem und das Ziel haben nichts gemeinsam" würde nämlich bedeuten, daß der Klient in seiner bisherigen Konstruktion verfangen bleibt und den so wichtigen Schritt des *Heraustretens* nicht vollzieht.

Was die Frage nach dem Pleroma als inneren Prozeß im Klienten auslöst, ist etwas, das man als „Dissoziierung" bezeichnet. Der Befragte rückt von seinem Problem und dem angestrebten Ziel ein wenig ab und geht innerlich auf Distanz. Er schaut es sich quasi von außen aus einiger Entfernung an. Damit ist aber ein äußerst wichtiger Schritt getan. Denn meist stellt sich ein Problem im inneren Erleben folgendermaßen dar:

Da der Klient buchstäblich „mitten drin steckt", erscheinen das Problem und die Lösung als völlig entgegengesetzt. Deshalb erscheint auch die Frage nach Gemeinsamkeiten dem Klienten zunächst als völlig abwegig. Das Problem ist schlecht, und das Ziel ist gut. Schwarz und weiß.

Was durch die Frage nach dem Pleroma nun ausgelöst wird, ist ein Heraustreten aus diesem engen Rahmen. Denn um die Gemeinsamkeiten von Problem und Lösung überhaupt erst sehen zu können, muß ein äußerer Blickwinkel eingenommen werden. Erst hier kann wahrgenommen werden, daß es sich wirklich um ein Brüderpaar handelt. Die Gegensätze waren ja bislang überdeutlich. Aber woran merkt man trotzdem, daß es sich tatsächlich um Brüder handelt?

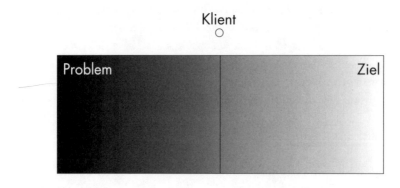

Mit diesem Vorgang des Heraustretens ereignet sich etwas, das man in einem wörtlichen Sinne als *Relativierung* des Problems bezeichnen könnte. Damit ist gemeint, daß das Problem in einen Bezug, in eine Relation gesetzt wird, es wird mit anderen Aspekten verbunden. Dasselbe geschieht mit dem Ziel. Oft erscheint es einem ja so, als ob das Problem vollkommen schlecht wäre und das Ziel vollkommen gut. Wenn man mitten in der eigenen Problemkonstruktion steckt, dann erscheint das eine als ein unbedingt zu Vermeidendes („Hier will ich weg!") und das andere als etwas absolut Erstrebenswertes („Dort will ich hin!"). Dadurch, daß beide sich quasi diametral gegenüberstehen, wird dieser Eindruck noch verstärkt.

Die eindeutigen Zuordnungen von Gut und Schlecht werden durch den dritten Punkt des Pleroma hinterfragt und gelockert. Das geschieht bereits durch die bloße Form dieser Frage, ohne daß es eigens angesprochen werden müßte. Damit ist auch der erste wichtige Schritt in Richtung einer Problem-*Auflösung* getan. Daß das tatsächlich etwas entscheidend anderes ist als eine übliche Problem-*Lösung*, wird später noch sehr viel deutlicher hervortreten. Schon jetzt können wir grob festhalten:

Problem-Lösung: Innerhalb des bestehenden Rahmens vom Problem zum Ziel zu gelangen.

Problem-Auflösung: Den bestehenden Rahmen verlassen.

Probleme und Ziele sind stets durch einen solchen Rahmen verbunden. Dieser Zusammenhang wird durch das Pleroma wahrnehmbar gemacht. In der Zielsetzung ist dieser Rahmen zwar bereits vorhanden, aber für den Klienten meist nicht bewußt sichtbar. Wenn jemand zum Beispiel als Problem einen Hautausschlag hat, dann kann es dazu sehr unterschiedliche Problem-Auffassungen geben. Dieser Hautausschlag ist...

1. ein kosmetisches Problem,

2. ein medizinisches Problem,

3. ein Ernährungsproblem,

4. ein psychologisches Problem.

Durch jede dieser vier Sichtweisen werden offensichtlich ganz unterschiedliche Rahmen festgelegt, innerhalb deren das Problem und damit auch das entsprechende Ziel wahrgenommen wird. Wenn aber erst einmal der Rahmen selber in den Blick gekommen ist, dann können auch andere Rahmen in Betracht gezogen werden. Bislang war es eine subjektive Selbstverständlichkeit, das Problem so und nur so zu betrachten, und auch die jeweilige Zielsetzung war „klar" und hatte sich ganz folgerichtig und fast automatisch ergeben.

Um ein Gefühl für den Diamond zu entwickeln, eignen sich – wie meistens – am besten eigene Erfahrungen. Man könnte z.B. folgende Übung machen: Man nimmt sich ein wenig Zeit und ein Blatt Papier und erstellt eine kleine Liste mit drei aktuellen Problemen. Das müssen keine großen Probleme sein. Kleinere oder mittlere Probleme tun es auch. Das ist der erste Schritt. Danach bestimmt man als zweiten Schritt jeweils ein Ziel zu diesen drei Problemen. Dabei ist auf die Wohlgeformtheit der Zielbestimmung zu achten, so wie sie oben dargestellt wurde. Anschließend kommt der dritte und für diese Übung wichtigste Schritt, die Frage nach dem Pleroma: *Was haben das Problem und das Ziel gemeinsam?*

Kleine Übung:

1. Drei Probleme aufschreiben.

2. Jeweils das (wohlgeformte) Ziel bestimmen.

3. Jeweils das Pleroma bestimmen.

Wenn Sie sich das notieren, dann vielleicht sogar schon in der Diamond-typischen Form.

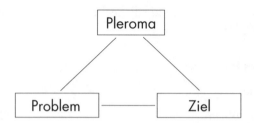

Achten Sie dabei auch darauf, was während dieser kleinen Übung bei Ihnen vor sich geht. Fallen einige Antworten sehr leicht oder erfordert es einiges Nachdenken? Entsteht ein Überraschungsmoment? Kommt eine Motivation auf, nach der Kenntnis des Pleromas das Ziel noch einmal genauer (neu?) zu bestimmen?

Oftmals wird es so sein, daß Antworten, die einem einige Mühe gekostet haben, auch diejenigen Antworten sind, von denen man am meisten profitiert. Lassen Sie sich also nicht zu früh entmutigen, wenn Ihnen die Gemeinsamkeiten von Problem und Ziel nicht sofort einfallen. Im Gegenteil! Wenn das spontane Gefühl ist, Problem und Ziel hätten nun wirklich gar nichts gemeinsam, dann lassen Sie sich überraschen, wie das Finden des Pleromas Ihre Sicht des Problems verändern kann.

So weit erst einmal zum Sowohl-als-auch des Pleromas. Zum Aufbau der grundlegenden Diamond-Struktur benötigen wir noch ein letztes, ein viertes Element. Die Form des Karos, die sich dadurch ergeben wird, war auch der Grund für die Namensgebung der Diamond-Technik. Die logische Struktur ähnelt in ihrer Form dann einem Diamanten.

Die vierte Komponente heißt *Kenoma* (Betonung auf der ersten Silbe), was sich vom griechischen Wort für „Leere" herleitet. Das Kenoma ist der logische Gegenpart zum Pleroma. Wurde dort nach dem Sowohl-als-auch gefragt, so geht es jetzt um das *Weder-Noch*.

Die Entdeckung des Weder-Noch

Beim Kenoma geht es darum, zu fragen, was *weder* das Problem *noch* die Lösung ist. Was ist nicht das eine und nicht das andere? Oder: Was liegt jenseits von Satz und Gegen-Satz? Also: *Was liegt jenseits von dem Problem und der Lösung?*

Betrachten wir wieder unseren Schachspieler, der sich zum Ziel gesetzt hat, häufiger zu gewinnen. Das war der Gegen-Satz zu seinem Ausgangs-Satz, dem Verlieren. Als Pleroma haben wir das Spiel im Sinne eines Wettkampfes (*game*) bestimmt. Einer gewinnt, einer verliert. Nun wird nach dem Kenoma gefragt: Was liegt jenseits von Gewinnen und von Verlieren? Hier könnte z.B. der Spaß am Spielen genannt werden. Also das, was man im Englischen als *play* bezeichnet. Man kann verlieren und trotzdem sehr viel Spaß gehabt haben, und man kann natürlich mit Spaß gewinnen. *Spaß* wäre also ein mögliches Kenoma.

Stellt das Pleroma die Außenansicht der Problem-Lösungs-Konstruktion dar, so gestattet die Frage nach dem Kenoma einen Blick über diese Konstruktion hinaus. Was liegt jenseits dieser Kategorien? Dadurch wird Sicht für Neues eröffnet, und das bringt wiederum eine starke *Relativierung* des Problems mit sich. Das Kenoma öffnet den Blick für das, was in der engen Perspektive von Problem und Lösung bisher zu wenig beachtet wurde. Es gibt beim Schachspiel noch anderes als Gewinnen und Verlieren. Man kann Spaß haben oder keinen Spaß haben, Geld damit verdienen oder kein Geld damit verdienen usw.

In der Notation wird das Kenoma in die Mitte unter Satz und Gegen-Satz geschrieben. Dadurch ergibt sich die folgende, nunmehr komplette Gestalt:

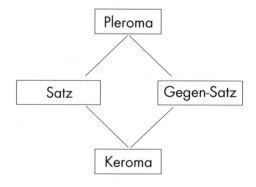

Eine solche Figur mit den vier Elementen *Satz, Gegen-Satz, Pleroma* und *Kenoma* bezeichnen wir als *Diamond*. Die Diamond-Technik besteht in der Erstellung von solchen Diamonds. Zunächst einmal eines einzigen, wie bislang in den Beispielen, und später werden dann Möglichkeiten vorgestellt werden, um innere *Landkarten* zu entwickeln, die aus vielen solcher Diamonds bestehen. In dem Beispiel des Schachspielers würde der einzelne Diamond also folgendermaßen aufgebaut sein:

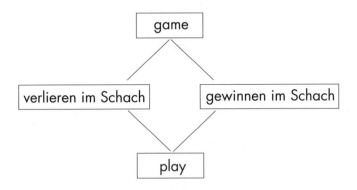

Das Kenoma ist der Raum für das bislang wenig oder nicht Beachtete. Es ist der Raum für das „Verdrängte". Einem Gefangenen, der schon jahrelang eingesperrt war, mußte das Gefängnis mit der Zeit als „die Welt schlechthin" erscheinen, und die Umgebung draußen konnte er sich nur noch als „Nicht-Gefängnis" vorstellen. Erst bei seiner Entlassung merkte er, daß das Gefängnis nur ein sehr kleines Gebäude in einer weiten Landschaft war. Das ist die Stufe des Pleromas. Man steht außerhalb und schaut von außen auf die Begrenzung, die einem früher als absolut erschien. Neue Aspekte werden so sichtbar, die einem bis zu diesem Zeitpunkt entgangen sind. Sowohl Unterschiede als auch Ähnlichkeiten.

Die Frage nach dem Kenoma geht dann noch eine Stufe weiter. Nachdem man aus einiger Entfernung das Gefängnis noch einmal betrachtet hat, dreht man sich um. Das Gefängnis verschwindet völlig aus dem eigenen Gesichtskreis, und der Blick auf eine ganz neue Perspektive wird frei.

Kommen wir zu den beiden Fallbeispielen von weiter oben zurück. Martina wurde beim Kenoma gefragt: Was ist jenseits von Alleinsein und Unter-den-Leuten-Sein? Ihr Kenoma-Punkt lautete „Ich sein dürfen". Damit wurde deutlich, daß es sich um eine Erlaubnis-Problematik handelt.

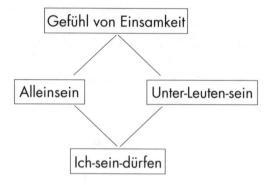

Auch für Peter erschlossen sich durch das Kenoma neue Perspektiven und neue Ressourcen: Was ist jenseits von finanzieller Erfolglosigkeit und finanziellem Erfolg? Als Antwort ergab sich: „einfach leben!" In und neben der Selbständigkeit kann man trotz aller Arbeit auch „einfach leben".

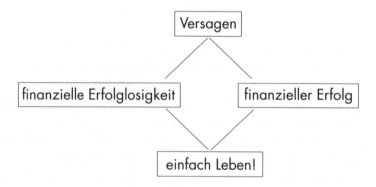

Wenn man Probleme nur lang genug anschaut, dann ergeht es einem wie dem Kaninchen vor der Schlange. Der Blick verengt sich, und man ist völlig auf das Problem (und die entsprechende Lösung) fixiert. In solchen Situationen kann es dann sehr befreiend sein, auch die anderen Dinge herum wieder einmal wahrzunehmen. Zu sehen, daß es noch mehr gibt, nicht nur dieses Problem und nicht nur diese Lösung, und zu spüren, daß das Leben noch so viel mehr zu bieten hat. Damit verschwinden die Probleme zwar nicht. Aber sie bekommen den Raum und die Aufmerksamkeit, die ihnen jeweils angemessen sind.

Häufig machen Menschen die folgende Erfahrung: Wenn ein bislang als riesengroß erscheinendes Problem aus einiger Distanz betrachtet zu einer vernünftigen

Größe *relativiert* worden ist, dann fallen einem auch plötzlich Lösungsmöglichkeiten und neue Handlungsalternativen ein, auf die man bislang nicht gekommen war. Der wesentliche Schritt zu einer echten Lösung des Problems bestand dann in einem Freiwerden von der starren Fixierung, die bislang vorherrschte.

Durch das Erarbeiten des Kenoma-Aspektes läßt sich die Diamond-Technik auch als eine spezielle Form von *Kreativitätsmethode* auffassen. Denn was ist Kreativität? Doch wohl, daß Neues denkbar wird und bislang Verborgenes zum Vorschein kommt. Wie später noch deutlicher zu erkennen sein wird, setzt diese innovative Kraft der Diamond-Technik nicht erst auf einer inhaltlichen Ebene an. Vielmehr ist sie schon in die Struktur der Fragen „eingebaut". Das jeweils andere, das Neue wird über das Kenoma standardmäßig abgefragt. Dadurch wird allein schon über die Frage deutlich: Es gibt immer noch einen anderen Blickwinkel, es gibt immer noch eine andere Sichtweise! Es geht in der Diamond-Technik darum, neue Möglichkeiten aufzuschließen. Durch eine Steigerung dieser Wahlmöglichkeiten vergrößern sich die Freiheit und die Souveränität im Umgang mit einem Problem.

An dieser Stelle wäre es nun wiederum gut, eigene persönliche Erfahrungen mit der Diamond-Technik zu sammeln. Wenn Sie die Übung oben mit den drei Problemen gemacht haben, dann wäre es jetzt naheliegend, diese drei Figuren jeweils zu einem kompletten Diamond zu vervollständigen. Die Kenoma-Frage dazu: *Was liegt jenseits von dem Problem und dem Ziel?*

Danach betrachten Sie das jeweilige Problem noch einmal. Wie verändert es sich, wenn man es vom Kenoma-Punkt aus betrachtet?

Als weitere kleine Übung eignet sich folgendes: Nehmen Sie als Satz: „Die Liebe ist einfach." Der dazugehörige Gegen-Satz könnte dann lauten: „Die Liebe ist kompliziert." Diese beiden Sätze sind sicherlich sehr verallgemeinert. Aber für diese Übung soll das gestattet sein. Auf jeden Fall lassen sich gute Gründe und Argumente ins Feld führen, die beide Sichtweisen belegen würden. Vielleicht stellen Sie sich auch vor, Sie müßten in einer inszenierten Diskussion erst den einen, später dann den anderen Standpunkt energisch behaupten. Wahrscheinlich kann jeder aus seiner Lebenserfahrung persönliche Belege für die eine und für die andere Aussage beisteuern. Die Übung geht nun folgendermaßen:

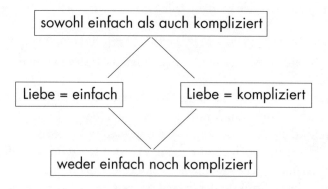

Stellen Sie sich einmal im Geiste auf den Standpunkt der „Einfachheit", sammeln sie Gründe und persönliche Erfahrungen, die eine solche Aussage nahelegen. Vielleicht entwickelt sich sogar ein spezielles Gefühl für diese Art von *Einfachheit* einer Beziehung. Wenn Ihnen dieser Satz nach einiger Zeit sowohl rational als auch emotional vertraut geworden ist, verfahren Sie in gleicher Weise mit dem Gegen-Satz, der *Kompliziertheit* von Liebesbeziehungen. Wichtig ist wiederum, daß der Standpunkt sowohl emotional als auch rational gefüllt wird. In einem dritten Schritt entwickeln Sie das Pleroma, daß die Liebe einfach und kompliziert zugleich ist. Zum Schluß erfolgt dann noch einmal dasselbe Einfühlen in das Kenoma dieses Diamonds: Die Liebe ist weder einfach noch kompliziert, sondern etwas völlig anderes! Sie übersteigt die Kategorien Einfachheit und Kompliziertheit.

Manchen ist es auch eine Hilfe, wenn sie sich tatsächlich vier verschiedene Plätze auf dem Boden suchen. Man kann sich z.B. vier Zettel nehmen, sie beschriften und sie dann in der entsprechenden Anordnung am Boden auslegen.

Wenn Sie diese Übung gemacht haben, werden Sie vielleicht feststellen, daß man sich bei einem Punkt des Diamond wohler oder „authentischer" fühlt als bei anderen. Vielleicht hält man einen auch für passender und „wahrer" als die drei anderen. Das ist alles völlig in Ordnung.

Nachdem man sich in jeden der vier Punkte möglichst ganzheitlich hineinversetzt hat, kann man auch daran gehen, von einem der Diamond-Punkte zum nächsten zu wechseln. Man kann dabei ruhig ein wenig experimentieren. Oft erzeugt allein schon diese Bewegung ein ganz eigentümliches Gefühl. Jemand hat das in einem Seminar einmal als den „Diamond-State" bezeichnet. Probieren Sie es aus!

Diese Übung ist bewußt sehr allgemein gehalten. Sie soll vor allem Vertrautheit mit der Technik vermitteln und zielt weniger auf neue Einsichten. Wahrscheinlich haben die meisten schon im vorhinein ein recht deutliches Gespür dafür, daß die benutzten Kategorien (Einfachheit – Kompliziertheit) viel zu eng sind, um dem Thema *Liebe* gerecht zu werden. Die „relativierende" Kraft des Diamond stößt hier also bereits auf eine große Plausibilität.

Weitaus spannender wird es werden, wenn man den Diamond mit Thematiken und Problemen durcharbeitet, die einen tatsächlich beschäftigen. In vielen Situationen besitzen wir manchmal ein ebenso einfach strukturiertes System von Kategorien, das nur wenig Wahlmöglichkeiten läßt. Die darauf aufgebauten Beschreibungen und Bewertungen halten wir dann – ohne sie jemals zu hinterfragen – für gültig und der Wirklichkeit angemessen. Das ist vor allem bei dem Umgang mit Problemen der Fall. Oftmals ist sogar die Enge der Problembeschreibung die größere Begrenzung als das „tatsächlich" vorhandene Problem. Hier kann sich die Diamond-Technik als eine Möglichkeit erweisen, die Enge solcher Beschreibungen zu öffnen und sie auf einen viel ressourcevolleren Zustand hin zu erweitern.

Die zweite Frage-Ebene

Die Möglichkeiten der Diamond-Technik erweitern sich beträchtlich, wenn noch folgende zwei Fragen dazugenommen werden: *Was wird dadurch ermöglicht?* sowie: *Was wird dadurch verhindert („ent-möglicht")?*

Die erste Frage nach der Ermöglichung ist von der *Core Transformation* her bekannt. „Wofür ist X gut?" Viele Dinge machen erst Sinn in ihrer Funktion, d.h. in einer Relation. Sie sind *für etwas* gut. Es ist meist hilfreich, diese Aspekte mit zu berücksichtigen. Das gilt vor allem bei den (tatsächlich oder vermeintlichen) *negativen* Elementen. So ist es z.B. stets günstig, auch in Erfahrung zu bringen, wofür das Problem *gut* ist. Sicherlich werden die negativen Komponenten überwiegen – sonst wäre etwas ja gar kein Problem. Gerade deshalb ist es aber auch wichtig, die positiven Momente wahrzunehmen.

Die zweite Frage nach den Verhinderungen – den „Ent-möglichungen", wenn man so will – ist im NLP vom sogenannten „Ökologie-Check" her vertraut. Wenn dort ein wohlgeformtes Ziel erarbeitet wurde, dann wird auch standardmäßig danach gefragt, ob es irgendwelche negativen Auswirkungen der Veränderung gibt. Sei es, daß die Familie, die Freunde, das Selbstbild, die Karriere, die Gesundheit oder was auch immer von der positiven Veränderung in Mitleidenschaft gezogen werden. Um diese spezielle Frageperspektive zu benennen, wurde der „Ökologie"-Begriff von Gregory Bateson übernommen. Man betrachtet damit alle „Systeme", alle Lebensbereiche, die von der angestrebten Veränderung eventuell tangiert werden.

Kann man die negativen Auswirkungen abfangen und verändern oder will man diese Konsequenzen in Kauf nehmen? Wird beides verneint, muß man die Frage nach dem Ziel neu stellen. Denn nur wenn ein Ziel dieser „ökologischen" Überprüfung soweit standhält, daß man alle Folgen einer Veränderung wirklich bejahen oder zumindest tolerieren kann, dann besteht auch die reelle Chance einer erfolgreichen Verwirklichung. Dahinter steckt die Erfahrung, daß ein (sehr vernünftiger) Teil in uns diese Auswirkungen sehr wohl berücksichtigt, die wir bewußt vielleicht gar nicht bedacht haben, und die angestrebte Lösung schlicht sabotiert. Menschen sagen dann, daß sie eine Veränderung zwar angestrebt haben, aber es einfach nicht „geschafft" haben. Mit ein wenig Distanz können sie dann feststellen: Es war sogar gut, daß sie es nicht geschafft haben. Wenn man die ökologischen Aspekte nicht berücksichtigt, bleibt oft nur die schlechte Alternative, daß man die

Veränderung wie geplant „durchzieht" und danach aber auch den entsprechenden Schaden hat.

Dieser Ökologie-Test nimmt im NLP meist einen gesonderten Platz ein. Er steht irgendwo am Anfang oder am Ende einer Intervention. In der Diamond-Technik hingegen ist die Frage nach den „Ent-möglichungen" fester Bestandteil des Frage-modells. So etwas wie ein eigener, abgegrenzter „Öko-Check" wird damit bei der Arbeit mit der Diamond-Technik nahezu überflüssig.

Die beiden Fragen der zweiten Frage-Ebene können an jedem der vier Punkte des Diamond gestellt werden. Für Martinas Diamond sieht das folgendermaßen aus:

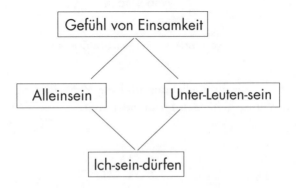

▶ *Was wird durch Alleinsein ermöglicht?*

▶ *Was wird durch Alleinsein verhindert?*

▶ *Was wird durch Unter-den-Leuten-Sein ermöglicht?*

▶ *Was wird durch Unter-den-Leuten-Sein verhindert?*

▶ *Was wird durch Einsamkeit ermöglicht?*

▶ *Was wird durch Einsamkeit verhindert?*

▶ *Was wird durch Ich-sein-dürfen ermöglicht?*

▶ *Was wird durch Ich-sein-dürfen verhindert?*

Die Antworten können dann in der folgenden Weise notiert werden:

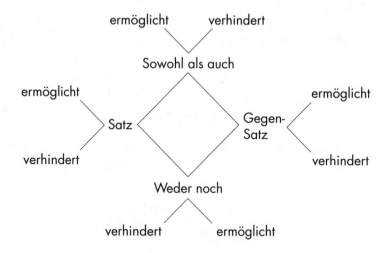

Man schreibt also die Ermöglichung und die Verhinderung jeweils links bzw. rechts über den entsprechenden Diamond-Punkt.

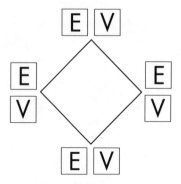

Mit dem Basis-Diamond und der zweiten Frage-Ebene hat man das erste vollständige Werkzeug der Diamond-Technik. Es ist äußerst einfach und vielseitig anwendbar. Um es noch einmal zusammenzufassen: Es besteht aus den folgenden Schritten:

Beginne mit einem Problem:
1. Bestimme das zugehörige Ziel (Wohlgeformtheit!).
2. Was haben Problem und Ziel gemeinsam? (Pleroma)
3. Was ist jenseits von Problem und Ziel? (Kenoma)
4. Bestimme für alle vier Punkte jeweils die Ermöglichung und die Verhinderung.
5. Anschließend wendet man sich erneut dem ursprünglichen Problem und dem angestrebten Ziel zu.

Oftmals wird es so sein, daß sowohl das Problem als auch das Ziel jetzt völlig neu beurteilt werden. Dann ist es bisweilen sinnvoll, noch einmal einen Basis-Diamond mit der neuen Sicht des Problems und dem entsprechenden Ziel zu beginnen. In vielen Fällen ist das aber auch gar nicht mehr notwendig. Denn oft wird eben genau das eingetreten sein, was wir als Problem-*Auf*lösung bezeichnen. Typische Kennzeichen sind:

▶ neue Sichtweisen und Perspektiven in bezug auf das ursprüngliche Problem;
▶ ein sehr viel freundlicherer Umgang mit den eigenen Problemen;
▶ eine deutlich gesteigerte Flexibilität und Souveränität im Umgang mit den Problemen;
▶ das Problem wird überhaupt nicht mehr als Problem empfunden (sondern vielmehr als Chance, als Herausforderung oder sogar als eine Ressource).

In der Regel wird man zunächst nach der Ermöglichung fragen (*Was wird durch X ermöglicht? Was ist das Gute an X?* usw.) und anschließend nach der „Ent-möglichung" (*Was wird durch X verhindert?* usw.). Das ist aber nur eine Konvention. Manchmal wird es auch sinnvoll sein, die Reihenfolge umzudrehen, z.B. bei dem Problem. Meist ist es für die befragte Person wesentlich einfacher, die negativen Seiten des Problems zu benennen (Verhinderung des Problems) als das Positive (Ermöglichung des Problems). Außerdem entsteht dann nicht so leicht der problematische Eindruck, man wolle durch die Diamond-Technik suggerieren, daß das Problem „doch nicht so schlimm" sei.

Bei einer Studentin wurde die Diamond-Technik in der oben beschriebenen Form mit dem Problem durchgeführt mit dem Ergebnis, daß sie, wie sie meinte, „zu wenig selbstbewußt" sei. Das war ihr Ausgangs-Problem. Dann wurde der Gegen-Satz, also das Ziel bestimmt. Dann das Pleroma usw. Mitten in den Fragen nach der Ermöglichung und der Verhinderung hielt sie plötzlich inne: „Das ist ja verrückt. Ich habe das Problem ja gar nicht. Ich bin überhaupt nicht zu wenig selbstsicher! Im Gegenteil, ich bin mir meiner sogar sehr sicher." Über diese neue

Erkenntnis war sie sichtlich erregt. Sie mußte kurz lachen, danach ging sie wieder in sich. Viele Gedanken und innere Bilder schienen ihr durch den Kopf zu gehen. Einige Zeit später wiederholte sie leise für sich mit ziemlichem Nachdruck: „Ich *bin* selbstsicher...".

Ein solcher Vorgang der „Problem-Umdrehung" ereignet sich bei der Diamond-Technik gar nicht so selten. Die Klienten entdecken mit einem Mal, daß das Gegenteil ihrer Beschreibung auch vorhanden ist und oft sogar mehr zutrifft als die ursprüngliche Festschreibung. Sie glaubten etwa, sie wären *feige,* und dann stellen sie mit Erstaunen fest, daß sie weitaus *mutiger* sind, als sie dachten. Oft ist es den Klienten dann kaum mehr nachvollziehbar, daß sie einmal ernsthaft der Meinung gewesen sein konnten, dies oder jenes würde ein wirkliches Problem für sie darstellen. Dabei ist das gerade erst einmal einige Minuten her.

Ganz zu Beginn des Buches haben wir betont, daß die Diamond-Technik kein Wundermittel und kein magisches Werkzeug ist. Das stimmt zweifelsohne. Und doch gibt es manchmal Momente in Coachings und therapeutischen Sitzungen, wo soviel *Struktur der Magie* zum Vorschein kommt, daß man daran schon wieder seine Zweifel bekommen könnte. Selbst in der einfachen Form mit nur einem Basis-Diamond plus den acht Fragen liegt erstaunlich viel transformierende Kraft und manchmal auch ein gehöriges Überraschungsmoment.

Die Diamond-Technik läßt sich aber auch noch ausbauen zu weitaus umfangreicheren Formen, die dann auch ein sehr freies und ein von Intuition geleitetes Arbeiten ermöglichen. Aus dem einen Basis-Diamond kann ein ganzes Rautenmuster von Karos werden, das wir dann als „Diamond-Landkarte" bezeichnen werden.

Die Diamond-Landkarte

Wir gehen zunächst von einem Basis-Diamond aus, so wie er oben entwickelt worden ist, und ergänzen ihn links um einen weiteren Diamond.

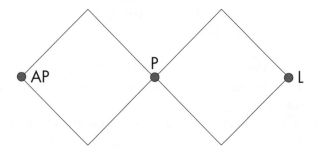

Nun gibt es ganz links einen neuen Punkt, den wir in der Abbildung als AP bezeichnen. „AP" steht für „Altes Problem". Denn das Problem (P) ist jetzt nicht mehr nur das Problem, für das wir eine Lösung suchen (rechter Diamond), sondern auf einmal auch eine Lösung für ein altes Problem (linker Diamond). Es ergibt sich also eine völlig neue Fragestellung: *Für welches Problem war das jetzige Problem eine Lösung?*

Bei Martina mit ihrem Problem „Alleinsein" hätte man also fragen können: Für welches Problem war *Alleinsein* die Lösung. Die Antwort notiert man an der Stelle AP. Nun lassen sich natürlich auch das Pleroma und das Kenoma zu den beiden Punkten AP und P bilden. Dadurch entsteht der komplette linke Diamond. Sofern es sinnvoll ist, kann man links auch noch weitere Diamonds anschließen: *Und für welches Problem ist AP eine Lösung gewesen?* Und auch hier kann man wieder durch das Pleroma und das Kenoma die volle Diamond-Gestalt herstellen.

Es steckt eine wichtige Wahrheit in dem Ausspruch: Die Probleme von heute sind die Lösungen von gestern! Und leider kann man auch schon für die Zukunft prognostizieren: Die Lösungen von heute werden die Probleme von morgen sein. Später werden wir noch deutlicher sehen, daß das Ziel der Diamond-Technik deshalb vor allem in der *Steigerung von Flexibilität* besteht und nicht in dem Finden einer „ultimativen" Lösung, in der man sich dann einigelt.

Wenn man sich diesen Zusammenhang aber einmal klargemacht hat und auch von den eigenen Lebenserfahrungen her bestätigt sieht, dann beginnt eine ganz eigenartige Ambivalenz zu greifen. Weiter oben haben wir das als *Relativierung* gekennzeichnet. Probleme sind nicht nur Probleme, sondern auch Lösungen; Lösungen sind nicht nur Lösungen, sondern auch Probleme. Es kommt immer auf den jeweiligen Zusammenhang an, oder in unserem Modell ausgedrückt: Es ist stets die Frage, als Teil welchen Diamonds man die Punkte auffaßt. P ist ein Problem im rechten Diamond und eine Lösung im linken.

Nunmehr wird auch der enge Zusammenhang des Basis-Diamonds mit der zweiten Frage-Ebene verständlicher. Jeder Punkt vereinigt positive und negative Aspekte. Es gibt nichts im Leben, was nur schlecht ist, und nichts, was nur gut ist. Alles ermöglicht auch immer etwas, und alles verhindert auch immer etwas.

Diese Mehrdeutigkeit von Diamond-Punkten vergrößert sich noch, wenn wir nun die Erweiterungen auch nach den anderen Seiten hin betrachten. Denn nichts hindert uns, den Pleroma-Punkt (oder den Kenoma-Punkt) des ursprünglichen Diamonds als Ausgangspunkt eines neuen Diamonds zu nehmen. Wir fassen ihn als Satz auf, zu dem wir den Gegen-Satz bilden, dann das Pleroma bestimmen und schließlich das Kenoma. Alles wie gehabt.

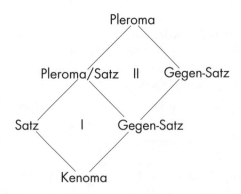

Nunmehr kommt aber der Kenoma-Punkt des neuen Diamonds auf den Gegen-Satz-Punkt des ursprünglichen Diamonds zu liegen. Dieser Punkt erhält also wiederum eine Doppelbedeutung. Er ist Gegen-Satz im ersten Diamond und Kenoma im zweiten.

In dem Maße, wo aus einem Basis-Diamond ein ganzes Netzwerk von Diamonds entsteht, erhält praktisch jeder Punkt eine mehrfache Funktion. Der Punkt P in der folgenden Graphik ist gleichzeitig Gegen-Satz (1), Satz (3), Pleroma (4) und Kenoma (2) in den vier angrenzenden Diamonds:

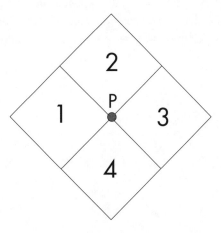

Dabei muß die sprachliche Form keineswegs deckungsgleich sein.

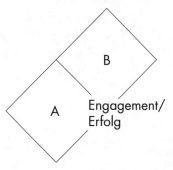

In diesem Beispiel ist „Erfolg" der Gegen-Satz im Diamond A, und gleichzeitig ist derselbe Punkt als „Engagement" das Kenoma des Diamond B. Oft ist es dann eine sehr spannende Sache, der Frage nachzugehen, wie die beiden Begriffe für den Klienten zusammenhängen und welche Verbindungen es zwischen ihnen gibt: *Wie hängen Erfolg und Engagement für dich zusammen?*

In der Notation ist lediglich darauf zu achten, daß die Zuordnung der einzelnen Begriffe zu den entsprechenden Diamonds erkennbar bleibt. Wenn die Darstellung jedoch Gefahr läuft, unübersichtlich zu werden, beginnt man einfach mit einem neuen Diamond. Das gilt in besonderem Maße, wenn zu der Grundstruktur (Satz, Gegen-Satz, Pleroma, Kenoma) auch jeweils noch die zweite Frage-Ebene (Ermöglichung, Verhinderung) dazugenommen wird. Vor allem, wenn an einem Ermöglichungs- oder Verhinderungspunkt mit einem neuen Diamond begonnen wird.

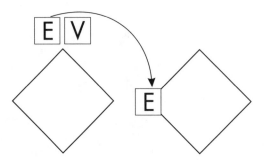

Bei dem Punkt *Karriere* wurde in unserem Beispiel gefragt, was Karriere ermöglicht und was sie verhindert. Das Ergebnis waren *Ansehen* (wird durch sie ermöglicht) und *Kreativität* (wird durch sie verhindert). Wenn nun mit *Ansehen* weiter gearbeitet wird, dann legt es die Übersichtlichkeit nahe, damit an einer eigenen Stelle mit dem neuen Diamond zu beginnen:

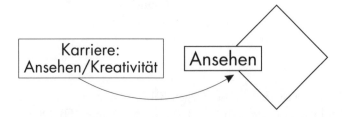

Damit sind wir bereits in eine sehr freie Form der Diamond-Anwendung eingetreten. Mit jedem Punkt läßt sich ein Basis-Diamond beginnen. Dieser kann nach allen Richtungen erweitert werden, und zusätzlich läßt sich an jedem Punkt nach den Ermöglichungen und Verhinderungen fragen. Damit wird die Diamond-

Technik schließlich beiden Gruppen gerecht: Die einen bevorzugen einen klaren Ablauf mit einem festgelegten Anfang und einem festgelegten Ende. Für diese Gruppe bieten sich die fünf Schritte an, wie wir sie oben entwickelt haben: ein Basis-Diamond plus jeweils die zweite Frage-Ebene.

Andere hingegen bevorzugen es, wenn sie in ihrem Vorgehen so wenig Beschränkungen wie möglich haben und sowohl ihrer Kreativität freien Lauf lassen als auch ihrer Intuition Raum geben können. Diesen empfehlen wir die Arbeit mit den „Diamond-Landkarten", d.h. mit komplexen Verbindungen und Verschachtelungen von Diamonds.

Noch ein kurzes Wort zu den Mehrfachbelegungen von Punkten. Sie stellen zugleich eine Schwäche und eine Stärke der Diamond-Technik dar. Die Schwäche liegt in der Gefahr der Unübersichtlichkeit und manchmal in der mangelnden inhaltlichen Deckung von Begriffen. Die große Stärke der Mehrfachbelegungen liegt aber in der hohen Anschaulichkeit des komplexen Zusammenhangs und der „Relativierung" von Begriffen. Das entstehende Netzwerk von Punkten macht sehr deutlich, daß kein Punkt für sich etwas Absolutes darstellt. Erfolg ist nicht nur Erfolg. Engagement ist nicht nur Engagement. Man engagiert sich nicht allgemein, gleichsam im luftleeren Raum, sondern immer für eine bestimmte Sache. Und man ist stets erfolgreich oder nicht erfolgreich bei irgend etwas Konkretem. Erfolg an und für sich oder Engagement an und für sich gibt es damit im Grunde gar nicht. Was sollte das auch bedeuten? Das würde ja davon ausgehen, daß „Engagement" so eine Art „Ding" wäre, etwas Festes wie eine Wohnzimmercouch oder eine Zahnbürste. Vielmehr machen all diese Begriffe erst in ihrem speziellen Zusammenhang einen Sinn; d.h. erst wenn sie auf der Landkarte der Bedeutungen und Bezüge „verortet" sind.

Genau so eine Landkarte aber läßt sich mit den Diamonds erstellen. „Erfolg" ermöglicht etwas und er verhindert etwas. Auch ist er selber immer schon die Ermöglichung und die Verhinderung von etwas anderem. Zudem ist er Pleroma und Kenoma in den unterschiedlichsten Konstellationen und Relationen. „Erfolg" steht also in einem vielfachen Funktionszusammenhang. Und es zählt zu den großen Stärken der Diamond-Technik, diese vielfältigen Vernetzungen in der Notation anschaulich sichtbar werden zu lassen. Deswegen ist es auch gut, daß auf der Diamond-Landkarte die Punkte keinen exklusiven Ort für sich beanspruchen können. Allzu leicht liefe man Gefahr, doch wieder einem „Ding-Denken" Vorschub zu leisten: Dort ist das Engagement – und hier ist der Erfolg.

Man kann diesen Aspekt gar nicht genug betonen, denn er läuft einer in unserer Kultur weit verbreiteten Denkgewohnheit zuwider. Vielleicht läßt es sich auf die folgende Art ganz gut anschaulich machen:

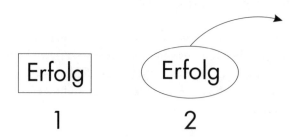

Man kann zwischen *hermetischen* Begriffen (1) und *relationalen* Begriffen (2) unterscheiden. Ersteres ist *der Erfolg* an sich. Er sitzt wie ein Einsiedler in der Wüste und ist als Begriff abgeschlossen. Um Näheres über ihn in Erfahrung zu bringen, brauchen wir ihn nur genauer zu untersuchen. Wie ist er beschaffen? Wie fühlt er sich an? In welchen Sinnessystemen wird er repräsentiert? usw. Anders ist es bei dem relationalen Begriff *Erfolg* (2). Seine Bestimmung lebt von dem Zusammenhang, in dem er auftritt. Die Figur (2) ist also noch unvollständig. Es braucht mindestens die Angabe, wobei jemand erfolgreich ist, damit man mit diesem Begriff überhaupt etwas anfangen kann.

Man ist also erfolgreich in bezug auf X. Für Leute, die sich mit NLP beschäftigt haben, wird das sehr vertraut klingen. Dort werden in dem sogenannten „Metamodell“ der Sprache Substantive wie *Erfolg* oder *Engagement* „ent-nominalisiert“: Erfolg → *erfolgreich*, Engagement → *engagiert*. Sogenannte „Tilgungen“ werden rückgängig gemacht. Das geschieht mit Fragen wie: „Erfolgreich in bezug worauf?“ „Engagiert worin?“

Der hier vorgestellte Ansatz geht aber noch darüber hinaus. Im Diamond-Modell sind tatsächlich *alle* relevanten Begriffe nur in ihren Bezügen verstehbar, also nur relational überhaupt sinnvoll. Als hermetisch interpretierbare Begriffe bleiben buchstäblich nur Dinge (Auto und Zahnbürsten) übrig. Alles andere entzieht sich der hermetischen Einschließung. Das ist aber völlig gegen den Strich unseres abendländischen Denkens gebürstet. Die Grundfrage lautet hier: Was ist es? Was ist das Wesen einer Sache? Was ist das Wesen von Erfolg? Wenig oder kaum kommt in den Blick: In welchen Bezügen und in welchen Prozessen steht es? Anders ausgedrückt: Alles wird grundsätzlich zunächst einmal als lebloses Ding behandelt. Selbst Beziehungen oder innerpsychische Abläufe werden für eine solche Art von Denken zu einem Denk*gegenstand,* wie die Sprache vielsagend zum Ausdruck bringt. Hier stellt das Arbeiten mit Diamonds eine Einübung in eine grundsätzlich andere Weise des Denkens und Weltverständnisses dar. Davon wird später noch ausführlicher die Rede sein, wenn die philosophischen Hintergründe und Konsequenzen der Diamond-Technik ein wenig genauer beleuchtet werden.

Zurück zu der zweiten Frage-Ebene. Der Einbezug der Ermöglichungs- und Verhinderungsfragen hat, wie wir gesehen haben, Auswirkungen auf die „ökologische" Dimension. Daneben steht noch ein zweiter, ebenfalls ungemein wichtiger Aspekt: das deutliche Bewußtmachen des *Preises,* der für eine gewünschte Veränderung zu „bezahlen" ist. Denn es zeigt sich, daß auch schon das Problem etwas ermöglicht hat, was es nun vielleicht aufzugeben gilt, und ebenso, daß auch das Ziel selber etwas anderes, und zwar etwas Positives verunmöglicht. Nichts ist somit ohne Preis! Die Veränderung A hat ihren Preis, die Veränderung B hat ihren Preis. Aber auch das Nicht-Verändern hat seinen Preis. Diese Preise sind selbstverständlich ganz unterschiedlich und können nicht so ohne weiteres gegeneinander aufgerechnet werden. Aus dem Diamond-Modell resultiert deswegen auch nicht eine Art „Gleich-Gültigkeit", wie manche zunächst befürchten. Viel eher trifft das Gegenteil zu. Die Unterschiede zwischen den einzelnen Punkten und ihre jeweiligen Gewichtungen werden oft noch viel differenzierter und klarer wahrgenommen. Deshalb sind Prioritäten und klare Entscheidungen wichtig.

Angestrebt wird auch nicht ein Kompromiß oder eine spezielle Form der Integration, wie etwa das „Ankerverschmelzen" im NLP, wo zwei getrennte Zustände zu einem einzigen verbunden werden. In ihrer klaren Verbundenheit bleiben die einzelnen Punkte der Diamond-Landkarte auch weiterhin klar getrennt. Die Grenzlinien zwischen diesen Punkten verschwimmen oder verschwinden keineswegs.

Was jedoch sehr wohl verschwindet, ist die eindeutige Zuordnung der verschiedenen Punkte nach einem simplen Gut-Schlecht-Schema. Beispielsweise: Zufriedenheit ist gut, Unzufriedenheit ist schlecht; Erfolg ist gut, Mißerfolg ist schlecht.

Nachdem man sich der verschiedenen Vernetzungsstränge bewußt geworden ist, kann man ein solches Schwarz-Weiß-Denken im eigenen Erleben nicht mehr nachvollziehen. Denn durch den Diamond wird deutlich sichtbar, daß auch die Unzufriedenheit etwas ermöglicht bzw. die Zufriedenheit etwas verunmöglicht, was persönlich von hohem Wert sein kann.

Hand aufs Herz! Gab es nicht schon „Erfolge", wo man später dachte: „Das hätte ich lieber sein lassen"? Und gab es nicht ebenso „Mißerfolge", für die man später sehr dankbar war?

Vielleicht mag der eine oder die andere die Diamond-Technik als eine spezielle Form von *Reframing* auffassen, d.h. als ein Kreieren eines neuen Rahmens. Das stimmt sicherlich zu einem ganz hohen Maße. Vieles deutet darauf hin, daß die Wirkungsweise des Diamond auf den Prinzipien des Reframing aufbaut. Schließlich befähigt es den Befragten, das ursprüngliche Problem in einem völlig neuen Licht und von einer ganz anderen Perspektive aus zu sehen. Die Diamond-Technik geht aber über bisherige Reframing-Methoden noch hinaus. Sie erzeugt nicht nur einen neuen Rahmen, wodurch das alte Bild dann verändert wirkt, sondern sie läßt die Rahmen selber und die Entstehung dieser Rahmen für den Befragten sichtbar werden. Der Klient bekommt dadurch Zugang zu der eigenen Erzeugung von Bedeutungen – und damit auch zu deren Veränderung.

Kein Punkt in der Diamond-Landkarte ist aus prinzipiellen Gründen einem anderen vorgezogen, und es gibt auch keinen Punkt, dem man nicht den Vorzug vor allen anderen geben könnte. Man kann also sagen: Es gibt eine fundamentale „Gleich-Berechtigung", aber beileibe keine „Gleich-Gültigkeit". Stets ist es die Person selber, die die Prioritäten zwischen den Punkten setzt. Sie bestimmt, auf welchen Teil der inneren Landkarte der Fokus gerichtet wird. Sie bestimmt, welcher Preis gezahlt wird und welcher als zu hoch erscheint, welche Veränderung tatsächlich angegangen wird und welche man bleiben läßt.

Wie bereits deutlich geworden ist, fragt der Diamond nicht nach Meinungen oder Gefühlen; nicht „Was denkst du darüber?" oder: „Wie geht es dir dabei?" Vielmehr wird auf der elementaren Ebene der *Bedeutungen* angesetzt. Deshalb spricht man auch von der Bedeutungs-Landkarte, die durch die Diamond-Technik erzeugt wird. Nehmen wir als Beispiel irgendein alltägliches Ereignis: Ein Glas fällt durch eine kleine Ungeschicklichkeit herunter und zerbricht. Sobald wir das wahrnehmen, können wir gar nicht anders, als dem eine Bedeutung beizumessen. Z.B.: *„Das ist ja entsetzlich!"*, *„Peinlich!"*, *„Typisch ich!"*

Vielleicht kommt man auch zu einer eher nüchternen Beschreibung wie: *„Ein Zeichen meiner Unausgeschlafenheit. "*. Oder zu einem positiven Reframing der ganzen Situation: *„Nun ja, Scherben bringen Glück!"* Selbst noch der scheinbar teilnahmslose Gedanke: *„Das ist unwichtig, das kümmert mich nicht!"* ist eine solche Bedeutungszuschreibung, die wir in dem Moment vornehmen. Das *Faktum* des zerbrochenen Glases bleibt jedesmal dasselbe, aber die *Situation* ist in all den verschiedenen Bedeutungszuschreibungen sehr unterschiedlich. Denn:

$$Situation = Faktum + Bewertung$$

Es muß nun nicht eigens hervorgehoben werden, daß diese unterschiedlichen Bedeutungen auch von ganz unterschiedlichen Gefühlen begleitet werden. Was also ist *objektiv* geschehen? Ein Glas ist heruntergefallen und zerbrochen. Aber die Beurteilung einer Situation ergibt sich erst aus der Bedeutungszuschreibung, die wir ihr geben. Diese Bedeutungen sind oft sehr individuell und sagen meist mehr über die Person aus als über das tatsächliche Ereignis. Dabei herrscht jedoch nicht völlige Ungebundenheit. Wir können uns nicht jede Bedeutung stets frei und souverän aus einem breiten Angebot aussuchen. Vielmehr werden uns gewisse Bedeutungen über die Erziehung, über die Kultur, in der wir leben, und über all die kleinen Subkulturen, in denen wir uns aufhalten, oft sehr nahegelegt. Vielfach erscheinen uns manche Bedeutungen so "selbstverständlich" und „natürlich", daß wir noch nie im Leben darauf gekommen sind, daß es zu dieser Bedeutung überhaupt eine Alternative gibt. Erst wenn wir dann auf Menschen stoßen, die offensichtlich unsere Sichtweise nicht teilen, merken wir, daß manches gar nicht so „selbstverständlich" und „natürlich" ist, wie wir das immer annahmen.

Ein Philosoph hat einmal festgestellt, daß der Mensch das einzige Tier sei, das an Bedeutung erkranken kann. Das trifft die Sache sehr gut. (Wobei wir der Vollständigkeit halber hinzufügen wollen: Der Mensch ist auch das einzige Tier, das an Bedeutung *gesunden* kann!)

Das weite Feld individueller Bedeutungen wird durch die Diamond-Technik erforscht und zugänglich gemacht. Und diese Art des Fragens gehört wahrscheinlich zu den schnellsten und effektivsten Vorgehensweisen, um die innere Bedeutungslandkarte sichtbar zu machen. Damit wird sie auch für den Klienten selber in einer

Weise anschaulich und zugänglich, wie das ansonsten für ihn kaum möglich ist. Auch deshalb geschieht es häufig, daß Klienten über ihre eigenen Antworten überrascht sind.

Wie allgemein im NLP und bei anderen Methoden üblich, enthält sich der Fragesteller einer persönlichen Wertung über die Antworten. Wenn jemand auf die Frage, was „Ruhe" und „Ausdauer" gemeinsam haben, mit „Neugier" antwortet, dann kann der Fragesteller nicht erwidern: „Nein, nein, das paßt nicht!" Schließlich würde das ja nur zeigen, daß die innere Landkarte des Fragestellers anders aufgebaut ist als die des Befragten. Aber das ist schließlich eine Selbstverständlichkeit.

Eine der faszinierendsten und für manche zunächst gewöhnungsbedürftige Eigenschaft der Diamond-Landkarte ist, daß sie streng genommen keinen Anfang und kein Ende hat. (Von der obigen Form mit fünf Schritten einmal abgesehen.) Die Diamond-Technik in ihrer allgemeinen Form ist daher auch nicht wie ein übliches NLP-Format aufgebaut, etwa wie die Phobie-Technik oder das *Change History*, wo es eine genau festgelegte Reihenfolge und einen klar definierten Endpunkt gibt. Im Diamond kann man von jedem Punkt aus, an dem man angelangt ist, in unterschiedliche Richtungen und beliebig weit weiterfragen.

Wenn es aber keinen genau festgelegten Ablauf mehr gibt, stellt sich die Frage nach den Kriterien, nach denen man sich orientiert. Auf einen kurzen Nenner gebracht, könnte man sagen: die *Energie!* Auf dem Weg durch die Diamond-Landkarte folgt man einer „Energie-Spur". Man benötigt also ein Gespür für zentrale Punkte. Wo gibt es eine „Aufladung" von Punkten, ein Berührtsein oder eine Nachdenklichkeit? Vielleicht mehr als bei anderen eher „technischen" Fragetechniken ist hierbei ein großes Maß an Aufmerksamkeit und auch an Einfühlungsvermögen notwendig. So formal der Diamond durch seine logische Form zunächst erscheinen mag, so lebendig erweist er sich in der praktischen Arbeit.

Die Fragen des Diamond erheben keineswegs den Anspruch, etwas „Neutrales" zu sein. Der Mensch ist nicht so eine Art Maschine, wo man hinten die Abdeckung abschrauben kann, um zu sehen, welche Teile drin sind. Bei Menschen läßt sich nicht erfragen, was in ihnen vorgeht, ohne daß sich dadurch etwas ändert. Es gibt insofern keine „unschuldigen", chemisch reinen Fragen, die nur offenbar machen würden. Jedes Erfragen ist auch ein Verändern. Deswegen kann man auch nicht annehmen, eine bereits vorhandene Bedeutungslandkarte würde durch den Frageprozeß nur bewußt werden, sie wäre aber schon im vorhinein so vorhanden gewesen. Vielmehr entsteht sie zu einem Großteil erst während des Frage-Prozesses selber. Ebenso sind auch die Erkenntnisse, die Menschen durch den Diamond gewinnen, nicht jedesmal etwas, das sie im Grunde schon wußten. Das mag manchmal so sein. Aber häufig geschieht auch etwas sehr Kreatives und Unerwartetes. Es entwickelt sich vielleicht eine Erkenntnis, die es so bislang noch nicht gab. Oder die ganze Struktur von relevanten Punkten erfährt eine tiefgreifende Veränderung. Sie werden neu geordnet und zueinander neu in Beziehung gesetzt.

Deshalb ist eine einmal erstellte Bedeutungslandkarte keine Angelegenheit für die Ewigkeit. Zu einer späteren Zeit wird sie vielleicht deutlich anders ausfallen. Hinzu kommt noch, daß sich die Landkarte bereits im Prozeß ihrer Erstellung oft schon wieder verändert. Gerade der ursprüngliche Problemkomplex (Satz/Gegen-Satz) wird ja in der Regel nachher zum Teil vollkommen anders bewertet als zu Beginn. Diese Bewertungen sind es aber, aus denen die Diamond-Landkarten aufgebaut sind.

Zum Schluß noch einige *praktische Hinweise* für die Arbeit mit dem Diamond:

1. Gerade bei der Frage nach der *Verhinderung* ist darauf zu achten, daß die Antwort für den Klienten wirklich positiv besetzt ist. (Im Zweifelsfalle muß man nachfragen.) So wäre etwa noch wenig gewonnen, wenn bei der Frage, was durch *berufliches Engagement* verhindert wird, genannt wird: *Gefahr der Arbeitslosigkeit.* Dadurch würde kein Preis sichtbar werden, und das alte Gut/Schlecht-Schema bliebe unangetastet. Ein wirklicher Preis kommt erst dann zum Vorschein, wenn z.B. mit *Zeit bei der Familie* etwas genannt wird, was für den Klienten tatsächlich von positiver Bedeutung ist.

2. Der Diamond entfaltet seine verändernde Kraft am besten, wenn die Punkte, die genannt werden, eine kognitive *und* eine gefühlsmäßige Bedeutung für den Befragten haben. Weder als rein intellektuelle Auseinandersetzung noch als ein ausschließlich emotionales Erlebnis wird die Stärke des Diamond voll ausgeschöpft.

3. Wenn das Vorhandensein sowohl einer kognitiven als auch einer emotionalen Seite gewährleistet ist, dann hat es sich als günstig erwiesen, mit Hauptwörtern, also mit *Nominalisierungen* zu arbeiten. (Das ist gegen die Gepflogenheit etwa einer NLP-Arbeit.) Der Grund liegt nicht nur darin, daß damit die Notation um vieles leichter und übersichtlicher wird, sondern die Verwendung von Substantiven und Stichworten schützt auch davor, in erläuternde und vom Wesentlichen

wegführende Gespräche zu geraten. Das Diamond-Format hilft erfahrungsgemäß am wirksamsten, wenn der Klient ganz bei sich selber und bei seiner inneren Landkarte bleiben kann. Die Präzision und Effektivität des Beratungsprozesses wird dadurch deutlich gesteigert.

4. Es ist wichtig, dem Klienten Zeit für seine Antworten zu lassen. Oft ist es so, daß ein Format, das zu zügig durchgegangen wurde, meist wenig verändernde Wirkung hat. Diejenigen Diamond-Interventionen, die wirklich einen Unterschied gemacht haben, besaßen in der Regel mindestens eine Stelle, wo der Klient einen längeren Moment des Innehaltens und des Nachdenkens hatte. Solche Momente sollte man auf keinen Fall unterbrechen, etwa indem man den Klienten über Vorschläge bei seiner Antwort „helfen" will.

5. Manchmal ist es angeraten, mit dem Maß an neuer Erkenntnis „ökologisch" umzugehen. *Eine* große Erkenntnis ist oft besser als zwei oder drei! Lieber dann in einem solchen Moment aufhören und erst zu einem späteren Zeitpunkt wieder an Punkten arbeiten, wenn klar ist, in dem Bereich „steckt noch mehr drin".

6. Oft ist es hilfreich zu fragen, was „durch *diese Art von* X ermöglicht bzw. verhindert wird". Jemand hat an einer Stelle z.B. „Ruhe" genannt. Dann ist es wichtig, daß nicht danach gefragt wird, was durch *Ruhe* (allgemein) ermöglicht oder verhindert wird. Philosophische Antworten helfen schließlich kaum weiter. Vielmehr geht es um genau *die Art von Ruhe*, die der Klient im Sinn hat. Besonders bei den Verhinderungen ist darauf zu achten. Denn hier ist die Versuchung, in intellektuelle Denkspiele abzuschweifen, besonders groß. Um das zu verhindern, sagt man am besten sogar standardmäßig: „Was wird durch *diese Art von X* für dich verhindert?"

2. Praxisbeispiele

Erstes Beispiel: „Das Zumachen"

Es geht um eine Frau, die sich in verschiedenen Kommunikationssituationen „überfordert" fühlt. Die gesamte Diamond-Arbeit findet im Stehen bzw. im Gehen statt. Dabei werden Blätter mit ihren Antworten beschriftet und in der Diamond-Form auf dem Boden ausgelegt.

Bitte formuliere dein Problem in einem Satz:

Ich lasse ein Unwohlsein in der Kommunikation so lange zu, bis ich keine andere Lösung mehr weiß, als mich völlig zu zu machen.

[Die Klientin formuliert hier streng genommen nicht nur ein Problem – „Ich lasse ein Unwohlsein in der Kommunikation zu lange zu" –, sondern sie gibt auch ihre bisherige Lösung dazu an: „Ich mache mich völlig zu." Diese Lösung stellt aber jetzt wieder ein Problem für sie dar.]

Was wäre für dich eine Lösung?

Früh genug Stopp! zu sagen.

D.h. statt der bisherigen Lösung „zuzumachen" möchtest du als neue Lösung in der Lage sein, früh genug Stopp zu sagen. Was haben das Problem und deine bisherige Lösung gemeinsam?

An meinem Zustand ändert sich gar nichts.

Wie nennst du diesen Zustand?

Extreme Anspannung.

Was wäre jenseits der Alternative: Überforderung – Zumachen? Was hätte damit gar nichts zu tun?

Ganz im Fluß sein. Leicht in der Kommunikation fließen.

Was haben Zumachen bzw. Völlig-zu-sein und Rechtzeitig-Stopp-sagen gemeinsam?

Immer noch extreme Anspannung.

Was ist jenseits von Völlig-zu-sein und Rechtzeitig-Stopp-sagen?

Mit mir selbst freundlich sein.

[Klientin erklärt dies mit zitternder Stimme und ist kurz vor dem Weinen.]

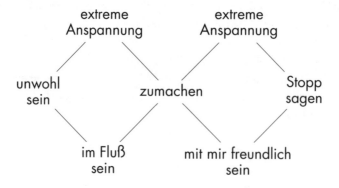

Was haben die beiden Gemeinsamkeiten, also die extremen Anspannungen, gemeinsam?

Überforderung.

Was ist weder Leicht-fließend noch Mit-mir-selbst-freundlich-sein? Was ist jenseits davon?

Sein – akzeptieren was ist.

[Therapeut geht mit der Klientin jetzt zur Ausgangssituation:]

Bitte denke an die Situation, in der du dich kommunikativ völlig überfordert gefühlt hast. Was passiert, wenn du jetzt an diese Situation denkst?

Ich kann aussteigen.

Ja, du kannst aussteigen. Gehen wir jetzt einen Schritt weiter. Was wurde dir dadurch ermöglicht, daß du dich kommunikativ überfordert gefühlt hast?

Ich bin dann ziemlich belehrend, brillant und cleverer als sonst.

Was wurde durch diese Art, sich kommunikativ überfordert zu fühlen, verhindert?

Ich konnte weder mit mir noch mit anderen liebevoll sein.

Was wurde durch die erste Lösung Völlig-zu-machen ermöglicht?

Selbstbehauptung. Eine defensive Form der Selbstbehauptung.

Was wurde durch die erste Lösung Völlig-zu-machen verhindert?

Das andere auf mich eingehen können. Ich kriege so kein Verständnis von den anderen.

Was wird durch die erste Lösung Früh-genug-Stopp-sagen ermöglicht?

Ich bin früher Herr meiner Selbst.

Was wird durch die erste Lösung Früh-genug-Stopp-sagen verhindert?

Mit der Situation mitzugehen.

Kommen wir jetzt zur ersten Form der extremen Anspannung. Was wurde dadurch ermöglicht?

Das ich nicht mehr so viel spüre. Ich brauche dadurch einen bestimmten Schmerz nicht zu fühlen.

Was wird durch diese Art extremer Anspannung verhindert?

Daß ich frei im Fühlen und Denken bin.

Kommen wir jetzt zur zweiten Form der extremen Anspannung. Was wurde dadurch ermöglicht?

Auch hier muß ich mich nicht auseinandersetzen.

Was wird dadurch verhindert, daß du auf diese Art angespannt bist?

Gefühle. Ich fühle nicht mehr, was ich fühle.

Was wird durch die Überforderung, die das Gemeinsame dieser beiden Formen extremer Anspannung ist, ermöglicht?

Fleiß.

Und was wurde dadurch verhindert?

Freude.

Was wird durch das Im-Fluß-sein ermöglicht?

Wirklich da sein.

Und was wird durch diese Art von Im-Fluß-sein verhindert?

Ein dickes Ego zu haben. Eine Art von Clever-sein, die wird dadurch verhindert.

Was wird durch Zu-dir-selbst-freundlich-sein ermöglicht?

Ich habe dann mehr Spielmöglichkeiten.

Und was wird dadurch verhindert, daß du mit dir selbst freundlich bist?

Die Selbstdarstellung wird dann verhindert.

Und wenn du dir das alles jetzt anschaust vom Standpunkt »Sein akzeptieren, was ist«. Was wird dadurch ermöglicht?

[Mit Überraschung in der Stimme:] Dann muß ich nichts mehr!

[Hier folgte dann ein kurzes Gespräch mit der Klientin über den Unterschied zwischen „Akzeptieren" und „Anerkennen". Sie findet auch, daß „Akzeptieren" ein bißchen von oben herab ist und besser durch Anerkennen ersetzt wird.]

Wenn du einfach bist und anerkennst was ist, was wird dadurch verhindert?

Nichts.

Das ist ein Irrtum!

Überforderung ... und auf eine clevere Art brillant zu sein. Es stört mich aber nicht, daß das verhindert wird.

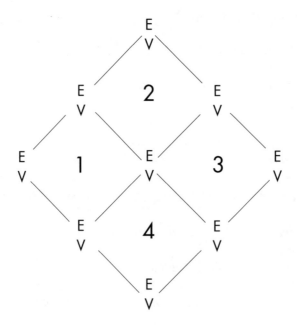

[Zurück zur Ausgangssituation:] *Wie ist es jetzt, wenn du an die Ausgangssituation denkst?*

Ich kann, aber ich muß nicht.

Dann erinnere dich bitte an die Situation, in der du völlig zugemacht hast.

Dasselbe – ich kann, aber ich muß nicht.

Wie ist es, wenn du in die Situation gehst, in der du rechtzeitig Stopp sagst.

Ich erinnere mich an eine Situation, wo mir das tatsächlich mal gelungen ist, aber ich merke jetzt, daß sich mein Zustand dadurch nicht wirklich verändert hat. Er ist besser als die erste Lösung, aber noch nicht gut.

Wie ist es, wenn du jetzt in die Situation der zweiten Form der extremen Anspannung gehst?

Ich bin jetzt mehr beim Fühlen. Ich achte mehr auf mich.

Wie ist es, wenn du jetzt in die Situation der ersten Form der extremen Anspannung gehst?

Der Kopf ist weiter. Ich nehme dadurch mehr wahr und bin präsenter.

Wie ist es, wenn du jetzt in die Situation gehst von Überforderung?

Leistung und Freude sind jetzt kein Widerspruch mehr.

Wie ist es, wenn du jetzt in die Situation gehst: Im-Fluß-sein?

Das ist gut. Das beinhaltet alles. Wenn ich die Überforderung abgebe, dann bin ich wirklich freundlich mit mir selbst, und ich kann mich auch selbst darstellen, wenn ich will, aber es hat nichts Zwanghaftes.

Wie ist es, wenn du jetzt in den Zustand gehst: »Sein – anerkennen was ist«?

Das ist der Beginn oder die Basis.

[Therapeut zeigt auf die ursprüngliche Problemsituation:] *Das war ja nun tatsächlich mal ein echtes Problem, das kann man nicht bestreiten. Wie ist es jetzt, wenn du dir vorstellst, dich in einer Kommunikation überfordert zu fühlen?*

Ja, das war ein Problem, aber jetzt nicht mehr. Es ist jetzt eher so, als ob ich mich kurz zusammenziehe und mich dann gleich wieder ausdehne.

Würdest du die Situation jetzt als Problem beschreiben?

Nein, es hat eher etwas mit Empfindungen zu tun und mit dem Reagieren darauf.

Wie ist es jetzt mit dem, was du bisher unter einer Lösung des Problems verstanden hattest?

Die erste Stufe nicht, das ist schon eine Eskalation. Die zweite könnte ich mir ab und zu vorstellen.

[Therapeut nimmt mit der Klientin eine Position außerhalb des vierfachen Diamonds ein.]

Bitte betrachte jetzt diese Figur als Ganzes und mach dir bewußt, daß sie eingebettet ist in eine viel größere Struktur, die jetzt noch unsichtbar ist. Du weißt, wir hätten an jedem Punkt weitermachen können, z.B. an der Überforderung usw. Dies ist nur ein kleiner, überschaubarer Teil des Bedeutungs-Netzes, in dem du lebst. Ich glaube, man kann sagen, daß dir vieles von dem so nicht bewußt war, das hast du erst durch die Arbeit entdeckt. Es hatte etwas mit Selbstentdeckung zu tun.

Ja [nickt].

Und dein Selbstentwurf, also das, was du gerne selbst sein möchtest, hängt ja immer von dem ab, was du von dir selbst weißt.

Ja [nickt].

Jetzt weißt du ja ein bißchen mehr über dich. Und mein Eindruck ist, daß das, was du gelernt hast, mehr ist als das, wie du angemessener mit einer bestimmten Kommunikationssituation umgehen kannst. Das war sozusagen nur ein Aufhänger.

Ja [nickt, lächelt].

Wie verändert sich dadurch dein Selbstentwurf?

Er ist weniger definitiv.

Und wenn dein Selbstentwurf über dich weniger definitiv ist, was meinst du, was du dadurch über dich entdecken könntest?

Alles Mögliche – mehr Freiheit!

Viel Spaß dabei!

Zweites Beispiel: „Husten"

Es geht um eine Frau, die Schwierigkeiten mit ihrer Sexualität hat. Hier ist die Diamond-Technik kombiniert mit der Teile-Arbeit aus dem NLP und der *Core Transformation*.

Was ist dein Thema?

Wenn ich mit meinem Mann beabsichtige, intim zu werden, dann fange ich häufig an zu husten.

O.K. Ich möchte, daß du dir jetzt vorstellst, daß es einen Teil in dir gibt, der dieses Verhalten hervorbringt. Da du es ja nicht absichtlich machst und es auch lieber hättest, wenn es nicht da wäre, können wir davon ausgehen, daß dieser Teil Absichten verfolgt, die andere sind als deine bewußten Absichten.

Ja [nickt].

Gut, dann gehe bitte mit deiner Aufmerksamkeit nach innen und heiße diesen Teil herzlich willkommen als einen Teil von dir und frage ihn, was seine positive Absicht ist.

[Sie schließt die Augen:] Ich sehe diesen Teil als eine Nonne. Sie sagt: „Dann bleibe ich rein!"

Frage bitte diese Nonne: „Was wird durch diese Art von Reinheit verhindert?"

Der sexuelle Verkehr.

Frage die Nonne bitte: „Wenn du ganz rein bist, was wird durch diese Reinheit ermöglicht?"

Die Nonne blickt nach oben und sagt, daß sie dadurch besseren Kontakt zur göttlichen Energie hat. Die fließt dann besser durch mich hindurch.

Was wird durch diese Art von Kontakt verhindert?

Dadurch wird der Kontakt mit der direkten Umgebung verhindert.

Was wird durch den Kontakt mit der göttlichen Energie ermöglicht?

Ekstase.

Und was wird durch diese Art der Ekstase verhindert?

Dadurch wird verhindert, das ein energetischer Kontakt mit anderen entsteht.

Und wenn sie die von ihr gewünschte Ekstase voll und ganz hat, was wird dadurch er-
möglicht? Wofür ist das gut?

Das ist eine Art Verbrennen, Verschmelzen. Ein Eins-werden.

Was wird durch diese Art von Eins-werden verhindert?

Schmerz.

Wenn das Eins-werden ganz realisiert ist, wofür ist das gut?

Ausdehnen.

Und was wird durch diese Art der Ausdehnung verhindert?

Der Schmerz wird zugedeckt, ganz klein gemacht. Der Kontakt mit dem Schmerz
wird verhindert.

Was wird durch diese Art von Ausdehnung ermöglicht?

Die Grenzen der Persönlichkeit lösen sich auf. Eins-sein mit der Energie.

Und was wird durch diese Art des Eins-seins verhindert?

Den Schmerz zu spüren.

Wenn du in den Zustand rein gehst ... geht es da nur darum, den Schmerz nicht zu spü-
ren, oder geht es da um noch mehr?

Sowohl das Eins-sein als auch der Schmerz sind auf eine Art gleich. Gleich intensiv.

Wie ist deine Beziehung zu diesen beiden Zuständen?

Im Schmerz tut die Intensität weh, und im Eins-sein nicht.

Was ist denn die Intensität, die sich im Schmerz und im Eins-sein äußern kann? Wie würdest du die nennen?

[Langes Schweigen] Nähe.

Was passiert gerade?

Das macht mich betroffen, weil ich ja gerade das verhindere, was ich mir wünsche.

Wie hängen für dich Eins-sein, Schmerz und Nähe zusammen?

Ich sehe das wie ein Dreieck. Die sind nicht auf einen Punkt zu kriegen.

Kann man sagen: Die Angst vor dem Schmerz verhindert die Nähe und produziert statt dessen ein phantasmagorisches Eins-sein?

Ja, das kann man sagen.

Wenn du dir vom Eins-sein aus den Schmerz anschaust, wie sieht er dann aus?

Er ist wie ein Messer. Scharf, stechend.

Und wenn du vom Schmerz aus Eins-sein anschaust, wie sieht das aus?

Das ist nicht greifbar, eher wie Watte.

Frag doch mal den Teil, wo er gelernt hat, daß Nähe nur in dieser diffusen Form des Eins-seins oder in der schmerzhaften Form möglich ist.

Ich bekomme das Bild von einem Kloster.

Könnte es nicht sein, daß sie dorthingegangen ist, weil sie die Erfahrung schon hatte, oder hat sie das da gelernt?

Nein, die Erfahrung war vorher schon da.

Also das war schon ein Lösungsversuch?

Ja!

D.h. wenn dieser Teil in dir die Nähe, die er sich wirklich wünscht, voll und ganz hätte, was wäre dann möglich?

Zu leben!

Wenn der Teil von dir ganz und gar lebendig ist, was bedeutet dann Nähe für ihn?

Dann kann ich mit meinem Mann zusammen sein, ohne ihm etwas zu husten.

Und was bedeutet Lebendig-sein in bezug auf den Schmerz?

Der geht auch wieder weg.

Und was bedeutet Lebendigkeit in bezug auf Eins-sein?

Lebendige Nähe.

O.k., wie wäre es, wenn wir dies in einem sprachlichen Mandala zusammenfassen würden?

In lebendiger Nähe sind Eins-sein und Schmerz im Fluß!

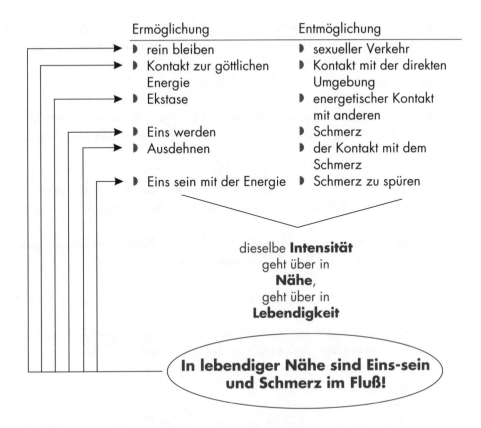

Ermöglichung	Entmöglichung
▶ rein bleiben	▶ sexueller Verkehr
▶ Kontakt zur göttlichen Energie	▶ Kontakt mit der direkten Umgebung
▶ Ekstase	▶ energetischer Kontakt mit anderen
▶ Eins werden	▶ Schmerz
▶ Ausdehnen	▶ der Kontakt mit dem Schmerz
▶ Eins sein mit der Energie	▶ Schmerz zu spüren

dieselbe **Intensität**
geht über in
Nähe,
geht über in
Lebendigkeit

In lebendiger Nähe sind Eins-sein und Schmerz im Fluß!

Und inwiefern transformiert und bereichert diese lebendige Nähe, in der Eins-sein und Schmerz im Fluß sind, deine Fähigkeit, dich auszudehnen?

Ich hänge nicht mehr an einem Punkt fest.

Und inwiefern transformiert und bereichert diese lebendige Nähe, in der Eins-sein und Schmerz im Fluß sind, deine Fähigkeit, den Kontakt mit dem Schmerz auszuhalten?

Der bringt mich nicht mehr um.

Und inwiefern transformiert und bereichert diese lebendige Nähe, in der Eins-sein und Schmerz im Fluß sind, deine Fähigkeit zur Ekstase?

Die wird größer.

Und inwiefern transformiert und bereichert diese lebendige Nähe, in der Eins-sein und Schmerz im Fluß sind, deine Fähigkeit, mit der göttlichen Energie in Kontakt zu sein?

Wie eine Rakete, zusammen mit dem anderen.

Und inwiefern transformiert und bereichert diese lebendige Nähe, in der Eins-sein und Schmerz im Fluß sind, deine Fähigkeit, in direktem Kontakt mit deiner Umgebung zu sein?

Es ist nicht mehr nötig, um Schutz zu haben. Dadurch, daß bei mir der Schmerz im Fluß ist, kann ich den anderen wahrnehmen und diesen Schmerz fließen lassen.

Und inwiefern transformiert und bereichert diese lebendige Nähe, in der Eins-sein und Schmerz im Fluß sind, das Bedürfnis des Rein-bleibens?

[Sie lacht schallend und errötet etwas.]

Und inwiefern transformiert und bereichert diese lebendige Nähe, in der Eins-sein und Schmerz im Fluß sind, die Möglichkeit zum sexuellen Verkehr?

[Sie lacht erneut.]

Und inwiefern transformiert diese lebendige Nähe, in der Eins-sein und Schmerz im Fluß sind, dein Husten bei Intimität?

Das ist nicht mehr nötig.

Sag deinem Mann einen schönen Gruß von mir!

3. Neuland betreten

So ist es! ... eben nicht

Im Rahmen eines Einführungskurses hat ein Teilnehmer die Diamond-Technik einmal als den „Schrecken des Fundamentalismus" bezeichnet. Das ist sehr richtig beobachtet. In einer Weltsicht, in der es ganz klar Gutes und Schlechtes, Erlaubtes und Verbotenes, Wahres und Falsches gibt, haben Diamonds wenig Platz. Im Fundamentalismus gibt es gewissermaßen nur Sätze und Gegen-Sätze. Für jemand, dem diese einfachen Einteilungen die Grundfesten seiner Weltanschauung bedeuten, für den muß eine Fragetechnik, die genau die Überwindung dieser starren Denkmuster zum Ziel hat, als ein Angriff und ein Affront erscheinen. Oder auch als „infam", als „subversiv", als „konterrevolutionär" oder als eine „Blasphemie". Mit den jeweiligen Pleroma- und Kenoma-Punkten zu argumentieren, ist eine viel stärkere Hinterfragung einer fundamentalistischen Position, als lediglich den Standpunkt des entsprechenden Gegen-Satzes einzunehmen. Man stelle sich ein Gespräch mit einem religiösen Fundamentalisten vor, der unnachgiebig auf eine Antwort insistiert, ob man an die Existenz (seines) Gottes glaubt. Und er würde folgende Auskunft erhalten: Vier Sätze scheinen mir zunächst gleichermaßen wahr zu sein:

1. Gott existiert.
2. Gott existiert nicht.
3. Gott existiert und er existiert nicht.
4. Weder existiert Gott noch existiert er nicht.

In gewissen Zeiten der Geschichte und in gewissen Kreisen wäre man bei einer solchen Aussage wahlweise im Irrenhaus, im Gefängnis oder auf dem Scheiterhaufen gelandet. Die atheistische Aussage „Gott existiert nicht" verbleibt immer noch auf derselben Ebene wie das religiöse Bekenntnis „Gott existiert". Hier werden also „nur" Inhalte abgelehnt. Eine vom Diamond her inspirierte Beschreibung aber verwirft die ganze Struktur des fundamentalistischen Denkens als solche! (Für fundamentalistische Atheisten sind die vier Aussagen genauso anstößig wie für fundamentalistische Gläubige.)

Nun sind politischer oder religiöser Fundamentalismus sicherlich extreme Erscheinungen, bei deren Beschäftigung es auch anderer Formen bedarf als gerade der Diamond-Technik. Wesentlich interessanter ist es daher, das Augenmerk auf diejenigen alltäglichen Bereiche zu richten, wo „Mini-Fundamentalismen" vom Diamond-Denken überschritten und aufgelöst werden.

Eines der ersten Felder hierbei ist das Denken in den Kategorien der „Eigentlichkeit". Etwas ist *eigentlich* so oder so. In dieser Weise zu denken, wird uns durch die klassische Form abendländischen Denkens fast unausweichlich nahegelegt. *Im Grunde* sei etwas dieses oder jenes! So ist es, und nicht anders! Wie in der Begriffspyramide mit der einen Spitze läuft auch jegliche Begründung schließlich auf *eine* Ursache und auf *eine* letztlich gültige Beschreibung hinaus. Für unsere Kultur ist es fast eine Denkunmöglichkeit, für einen Sachverhalt zwei unterschiedliche Interpretationen gleichzeitig als wahr anzusehen. Noch dazu, wenn diese beiden Interpretationen unvereinbar zu sein scheinen. Die Annahme ist dann stets, daß es sich nur um einen Zwischenschritt handeln kann. *Zu guter Letzt* werden sich diese beiden Interpretationen im Wohlgefallen einer übergreifenden Perspektive auflösen.

Nun sind spätestens seit dem Beginn dieses Jahrhunderts die wissenschaftlichen Grundlagen dieses Denkens selber fragwürdig geworden. Gerade in der „härtesten" aller Wissenschaften, der Physik, offenbaren sich Schwierigkeiten, die sich dem herkömmlichen Denken entzogen: etwa der Wellen- und Teilchencharakter von Licht. Oder die Unmöglichkeit, gleichzeitig den Ort und die Geschwindigkeit eines atomaren Partikels zu bestimmen. Dessen ungeachtet ist das Alltagsbewußtsein nach wie vor auf Eindeutigkeit abgestellt. Eine typische Fragestellung lautet: Wie ist es nun *wirklich?* Natürlich sind wir uns im klaren darüber, daß dieser singuläre Wahrheitspunkt oft nicht zugänglich ist. Und wir billigen einem einzelnen Menschen oder einer einzelnen Gruppe vielfach auch nicht mehr zu, über verbindliche und „absolut" gültige Beschreibungen zu verfügen. Aber, so ließe sich fragen, gibt es eine Möglichkeit, von der Vorannahme überhaupt abzurücken, daß es letztlich doch das eine, singuläre Eigentliche gibt? Mit der klassischen Logik gedacht, muß man wohl antworten: Nein. Innerhalb eines trans-klassischen Ansatzes (etwa in Anlehnung an Gotthard Günther) kann man jedoch sagen: Durchaus! Hier ist es nicht mehr notwendig bzw. gar nicht mehr möglich, daß alles auf eine Ursache und auf einen Grund hinausläuft. Hier kann mit einer bis auf den Grund – oder genauer: die Gründe – reichenden Vielheit gerechnet werden. Verschiedene Interpretationen können so zunächst gleichwertig nebeneinander belassen werden. Und es geht dann weniger darum herauszufinden, welche nun *eigentlich* Recht und welche *eigentlich* Unrecht hat, sondern wie die beiden in eine Beziehung und in einen Austausch gebracht werden können.

Hier kommt der Diamond ins Spiel. Er kann der Einstieg in ein solch trans-klassisches Denken sein. Auf verschiedene theoretische Aspekte dieses Ansatzes wird im vierten Teil noch näher eingegangen werden. Für die Praxis ist von Bedeutung, daß das Denken in diesen „Eigentlichkeiten" durch den Diamond deutlich relativiert und in Frage gestellt wird. Und die Frage nach dem, was *wesentlich* ist, erhält einen ganz wichtigen *Zeitbezug.* Zum jetzigen Zeitpunkt entscheide ich mich dafür, diesen einen speziellen Punkt als etwas Besonderes zu erachten. Das war vielleicht gestern anders und morgen kann es schon wieder anders sein. Auch ist es mehr eine persönliche *Entscheidung* als eine Erkenntnis, und es stellt kein unveränderliches Konstrukt oder gar eine ewig gültige Wahrheit dar.

Mit der Einführung von *Entscheidung* kommen zudem noch zwei wichtige, sich ergänzende Dimensionen ins Spiel: Flexibilität und Verbindlichkeit. Im Sinne des Diamond könnte man sagen: Entscheidungen sind weder fest noch nicht fest. Sie fallen somit weder der Beliebigkeit noch der Starre anheim. Sie sind somit gleichzeitig sowohl flexibel als auch verbindlich.

Eigentlichkeit läßt sich streng genommen nur in Systemen halten, die lediglich aus Sätzen und Gegen-Sätzen bestehen. Hier gilt: Das Problem ist das Uneigentliche, die Lösung ist das Eigentliche. Sobald die Kategorien des Pleroma und des Kenoma dazukommen, löst sich das bereits teilweise auf. Vollends haltlos wird dieses Schwarz-Weiß-Schema von eigentlich/uneigentlich, wenn sich der erste Basis-Diamond zu einem ganzen Netzwerk erweitert. Viele Punkte haben dann eine mehrfache Bedeutung. Ist ein gewisser Punkt dann *eigentlich* ein Satz, ein Gegen-Satz, ein Pleroma oder ein Kenoma?

Die Frage ist, wie man leicht feststellen kann, nicht mehr eindeutig zu beantworten. Weil aber das Denken in dem Muster der Eigentlichkeit ein wesentlicher Bestandteil der Rationalität unseres Kulturkreises ist, weckt die Relativierung dieses

Konzeptes auch tiefverwurzelte Ängste. Gibt es dann überhaupt noch eine Wahrheit? Woran kann man sich noch halten? Wird nicht alles beliebig? usw. An dieser Stelle kann man nur möglichst glaubwürdig versichern: Nachdem sich das Modell von „eigentlichen" Beschreibungen in einer guten Art und Weise relativiert hat, bricht weder ein bodenloser Nihilismus auf, noch wird alles sinnlos. Das Ende des Schwarz-Weiß-Denkens bringt eben nicht eine graue Einheitsfarbe zum Vorschein, sondern im Gegenteil eine regenbogenfarbene Buntheit!

Man beachte jedoch: Die praktische Anwendung des Diamond beim Coaching und in der Therapie wird von solchen Problemen meist kaum berührt. Hier wird die *lokale* Auflösung von engen Eigentlichkeiten in der Regel als sehr erleichternd und als befreiend erlebt. Auch scheint immer schon eine gewisse Ahnung darüber existiert zu haben, daß etwas an dem alten Konzept *im Grunde* nicht stimmte. Erst wenn man die philosophische Tragweite dieses Vorganges vor Augen führt, und die vielfachen Konsequenzen eines solchen Denkwandels aufzeigt, entstehen die angesprochenen Befürchtungen. Aber auch hier läßt sich sagen: Je mehr die Erfahrung gemacht wird, daß sich enge lokale Eigentlichkeiten auflösen dürfen, und das Leben dadurch bunter und reicher wird, desto mehr gewinnt man Vertrauen, dieses Denkmuster überhaupt in den Hintergrund treten und irrelevant werden zu lassen.

Interessanterweise ereignen sich in Streß-Situationen aber wieder häufiger „Rückfälle". Es wird dann auf die eingespielten und bewährten alten Denkmuster zurückgegriffen: „Jetzt möchte ich aber wissen, was hier *wirklich* los ist!", „Sag schon, magst du mich, oder magst du mich nicht?"

Irgendeine Sache ist definitiv...
... ein frühkindliches Trauma!
... ein Minderwertigkeitskomplex!
... eine Folge der Nahrungsmittelchemie!
... psychosomatisch!
... aufgrund von Erdstrahlen!
... genetisch bedingt!
... usw.

Es erfordert einige Anstrengung und wahrscheinlich auch etwas Übung, um selbst noch in angespannteren Situationen nicht der Versuchung einer solchen monokausalen Simplifizierung zu erliegen. Selbst bei Leuten, die von einer Multikausalität ausgehen oder durch ihre Erfahrung nicht umhin können, davon auszugehen, ist die einheitszentrierte klassische Denkhaltung oft noch wie eine kulturelle „Hintergrundstrahlung" wirksam. Es ist gewiß nicht einfach, sich dem zu entziehen!

Somit hat die durchgängige Verinnerlichung des Diamond-Denkens ihren ganz spezifischen Preis. Denn dieses Denken erwirbt man sich nur um den Einsatz einer *Anstrengung*. Der große deutsche Philosoph Hegel hat im Zusammenhang mit seiner Dialektik einmal von der „Anstrengung des Begriffs" gesprochen. Damit hat er die Mühe bezeichnet, die es erfordert, sich ein neues Konzept anzueignen, das den Rahmen der bisherigen Konzepte sprengt. Das trifft auch für die Situation des Diamond-Lernens zu. Zumindest, wenn das Ganze nicht nur als eine bloße Frage-Technik, sondern auch als eine übergreifende Denkhaltung aufgefaßt wird. Man muß sich in dieses neue Denken dann wirklich *einüben*. Ein Kursteilnehmer hat seine Erfahrungen damit einmal auf folgende Weise beschrieben: Fünf Minuten lang habe er verstanden, was es mit dem Diamond auf sich habe, dann aber setzte wieder Konfusion ein. Danach habe er es wieder für einige Momente lang verstanden, usw. Dieses Wechselspiel ging, wie er sagte, einige Male hin und her. Und dieser Lernprozeß scheint nur zu einem geringen Teil eine intellektuelle Herausforderung zu sein. Die paar wenigen Fragen und das Schema der Notation sind schnell gelernt. Was es aber zusätzlich braucht, ist eine persönliche und ganzheitliche Herangehensweise. Das Denken in Diamonds beinhaltet so etwas wie eine neue „Weltanschauung". Und diese Form ist zunächst ungewohnt. Deswegen sei der Hinweis erlaubt: Ein leichtes mentales „Schwindelgefühl"* und der gelegentliche Eindruck, nun aber nun wirklich gar nichts mehr zu verstehen, sind am Anfang durchaus normal. Davon sollte man sich nicht abhalten lassen, sich das Diamond-Denken wirklich in seiner ganzen Breite und Tiefe anzueignen. Ihn „nur" als neue Technik des Fragens zu gebrauchen, würde sehr viele wertvolle Teile ungenutzt lassen. Das aber wäre zutiefst schade.

---

* Und manchmal auch ein Schwindel!-Gefühl.

Der Diamond als Koan

Im Zen-Buddhismus gibt es sogenannte *Koans*. Das sind ganz spezielle Aufgaben und Rätselworte, die auf einer normalen Denkebene nicht gelöst werden können, weil sie widersprüchlich, paradox oder sogar „unsinnig" sind. Etwa die Frage: „Wenn jemand in die Hände klatscht, was ist der Klang der linken Hand?" Dennoch gibt es so etwas wie „richtige" Antworten, also Antworten, anhand derer der Meister sehen kann, daß der Schüler Fortschritte gemacht bzw. eine neue Stufe seiner spirituellen Entwicklung erreicht hat.

Solche Koans sollen in eine neue und tiefere Art des Denkens und Erlebens einführen, ihr Ziel ist „Erleuchtung". Hier gibt es nun einige Parallelen zum Diamond-Denken. Zunächst ist die logische Grundstruktur von Diamonds zu nennen, die eine direkte Abbildung paradoxer Aussagen erlaubt. Jemand ist sowohl unglücklich als auch glücklich und gleichzeitig weder glücklich noch unglücklich. Eine solche Formulierung könnte direkt aus einem derartigen Koan stammen. Nachvollziehbar werden solche Sätze nur, wenn man sich aus dem alten Denkrahmen heraus begibt.

Im Gegensatz zu der „Dissoziation", wie sie etwa bei vielen NLP-Techniken Anwendung findet, wird hier aber keine lediglich beobachtende Meta-Position eingenommen. Denn üblicherweise bedeutet *dissoziiert* sein, den Erlebnis- und Handlungszusammenhang für eine Zeitlang zu verlassen. Erst wenn man sich wieder *assoziiert*, „geht" man wieder „hinein". Dann fühlt man wieder, was es zu fühlen gibt, und kann auch sein Handeln fortsetzen. Die dissoziierte Position ist emotional eher neutral. Anders beim Diamond. Hier geht der Blick zwar auch über die Bedeutungslandkarte, ist also klassisch dissoziiert. Aber andererseits läßt sich von den neu gewonnenen Orten aus auch handeln. Es sind echte Lebens-Punkte und nicht nur logische Logenplätze. Sie sind mit einer eigenen Qualität von Gefühlen verbunden. Man ist, wenn man so will, gleichzeitig dissoziiert *und* assoziiert!

Die Erfahrung des „Diamond-State" haben wir bereits angesprochen. Jemand hat ihn einmal das „Erleben bedeutungsschwerer Leichtigkeit" genannt. Eine andere ihn als „Ahnung äußerster Innerlichkeit" beschrieben. Das sind Versuche, die Erfahrungen ins Wort zu bringen, die sich einstellen, wenn eine Auflösung starrer Problemkategorien und Lösungsfixierungen stattfindet und eine neu gewonnene Freiheit erlebt wird. Diese Erfahrungen sind durchaus mit dem Lösen von Koans vergleichbar. Interessanterweise sind diese Erfahrungen selber wiederum nur paradox zu beschreiben, wie etwa „schwere Leichtigkeit". Das zeigt noch einmal, daß keine Metaposition eingenommen wird. Von einer Metaposition würde man erwarten, daß von dort aus gesehen die Dinge klar und eindeutig wären, zumindest klarer und eindeutiger als auf der ersten Ebene. Der Koanmeister etwa müßte dann über eine Theorie verfügen, wie man Koans erstellt und wie man sie auflöst. Und man würde erwarten, daß er diese Theorie seinen Schülern spätestens am Ende der Ausbildung mitteilt. Alles andere hieße ja, auf sehr unfeine Art mit den Schülern zu spielen. Aber eine solche Theorie gibt es eben nicht! Koans werden deshalb auch nicht durch die Einnahme einer intellektuellen Meta-Position gelöst. Zumindest nicht, wenn man „Meta-Position" klassisch westlich versteht, d.h. als emotional dissoziiert und logisch übergeordnet. Der Punkt, Spaß zu haben beim Schachspielen, ist keineswegs ein dissoziierter Aspekt und er ist der Kategorie Gewinnen-Verlieren logisch gesehen nicht übergeordnet. Ebensowenig ist er aber auch untergeordnet. Er befindet sich auf derselben Ebene der Landkarte einfach „neben" der anderen Kategorie, eingewoben in ein klar strukturiertes logisches Netz. (Für das zweiwertige System *Spaß haben/keinen Spaß haben* stellt die Entdeckung des Punktes „Gewinnen" wiederum eine neue, überschreitende Dimension dar.) Auf einer strukturellen Ebene finden sich also etliche Ähnlichkeiten zwischen dem Diamond und der alten spirituellen Tradition der Koans. Es gibt aber noch einen weiteren wichtigen Aspekt der Verwandtschaft.

Oft läßt der Diamond nämlich ein maßgeschneidertes, persönliches Wort entstehen, das man durchaus als einen individuellen Koan auffassen kann. Ein Beispiel dafür werden wir gleich kennenlernen. Dort werden sich die beiden Diamond-Punkte *Sicherheit* und *Unsicherheit* als zentrale Aspekte einer Bedeutungslandkarte ergeben. Miteinander kombiniert ergeben sich höchst paradoxe Formulierungen wie *sichere Unsicherheit* und *unsichere Sicherheit*. Diese bergen eine große Kraft für den Klienten. Man kann sie in ähnlicher Weise mit auf den Weg geben, wie der Zen-Meister seinem Schüler das Koan-Wort mit auf den Weg gibt. Auch beim Diamond gibt es eine *Lösung* für diese Paradoxie. Sie besteht aber nicht darin, theoretisch zu verstehen, was das sein könnte, eine „unsichere Sicherheit", sondern für sich zu entdecken, daß eine solche Beschreibung *Sinn* macht und daß es einen realen Ort (einen „state") bezeichnet, den man lebensmäßig einnehmen kann. Darin besteht die Lösung!

Nun zu dem angekündigten Beispiel. Ein Mann wollte sich schon seit etlichen Jahren selbständig machen, hat sich aber bislang nicht getraut.

Was ermöglicht dir das Nicht-Trauen?

Ich habe Geld verdient.

Was wurde bisher verhindert durch dieses Nicht-Trauen?

Selbstverwirklichung.

Was haben Geldverdienen und Selbstverwirklichung gemeinsam?

Lebensqualität.

Was ist jenseits von Geldverdienen und Selbstverwirklichung?

Unsicherheit.

Warum war es bisher gut, daß du dieser Unsicherheit aus dem Weg gegangen bist?

Dadurch habe ich Konflikte vermieden.

Was hast du dir dadurch verbaut?

Selbstfindung.

Also, Konflikten bist du aus dem Weg gegangen und hast dadurch Selbstfindung ver-mieden. Was ist weder Konflikt noch Selbstfindung?

Peinlichkeit.

Was ermöglicht es dir, wenn du sicherstellst, das Leben hat keine Konflikte?

Harmonie.

Was wird durch diese Art von Harmonie verhindert?

Lebendigkeit.

Stellen wir uns einmal vor, deine Harmonie wäre voll und ganz verwirklicht. Alles in deiner Umgebung wäre voll und ganz harmonisch? Was wäre die Konsequenz?

Einheit.

Was wird durch diese Art von Einheit verhindert?

Vielfalt.

Und wenn die Einheit voll und ganz verwirklicht ist, was wird dadurch ermöglicht?

Das Paradies.

Was wird durch diese Art von Paradies verhindert?

Leben auf der Erde.

Was ist jenseits von Paradies und Leben auf der Erde?

Unsicherheit.

Was ist das Gute daran? Was ermöglicht dir die Unsicherheit?

Meinen Weg zu gehen.

Was verhindert die Unsicherheit?

Mich in festen Gleisen zu bewegen.

Wenn die Unsicherheit nicht da wäre, würdest du in festen Gleisen sein. Was bedeutet für dich in festen Gleisen zu sein?

Nicht mehr zu wachsen.

Dann könnte dir ja gar nichts Schlimmeres passieren, als deine Unsicherheit zu verlieren?!

[Nachdenklich:] Ja, das stimmt.

Die Unsicherheit ist also sogar eine Ressource, die dir sehr viel Sicherheit gibt?!

So habe ich das noch nie gesehen [lacht kurz, wird dann wieder ernst]. Aber wenn das so ist, dann stellt sich ja die Frage, was ist Unsicherheit und was ist Sicherheit ...

[Mit dieser Einsicht ist schon sehr viel gewonnen. Der Klient spürt, daß die Unsicherheit durchaus auch eine Ressource sein kann, und es damit gar nicht mehr so klar ist, wie Sicherheit und Unsicherheit zu bewerten sind. An dieser Stelle kommt nun die spezielle Technik des Diamonds zum Tragen, die Beschreibungen, die bislang als gegensätzlich empfunden wurden, zu kombinieren und zu verknüpfen. Wie wenn man zwei Fäden miteinander verzwirbelt. Hier wird sich also ein sehr persönliches Koan-Wort ergeben:]

Was wäre dir lieber, auf eine unsichere Art sicher zu sein oder auf eine sichere Art unsicher?

[lacht]

Oder bist du dir überhaupt unsicher, daß eine unsichere Sicherheit mit Sicherheit eine Ressource wäre?

Nein, eigentlich nicht.

Dann wäre es doch sicherlich paradiesisch, von nun an mit einer unsicheren Sicherheit und einer sicheren Unsicherheit sicher auf Erden zu leben?

Ja. Danke!

Es kommt bei der Diamond-Technik recht häufig vor, daß sich solche entgegengesetzten Begriffe herauskristallisieren. Erkennbar ist das daran, daß sie innerhalb der Bedeutungslandkarte an mehreren Stellen auftauchen und jeweils eine hohe „energetische Aufladung" besitzen, d.h. man merkt den Befragten an, daß es sich dabei um wichtige Begriffe in ihrer inneren Landkarte handelt. Die beiden Punkte sind dann gleichsam die Pole, um die herum sich der gesamte Problemglobus aufspannt.

Nehmen wir an, „Ruhe" und „Spannung" wären zwei solche Begriffe. Dann kann es eine ganz starke Ressource sein, diese beiden Wörter in der folgender Weise zu verbinden:

Wie wäre es, eine ruhige Spannung zu haben? … oder eine spannende Ruhe? Was würde passieren, wenn die Spannung einmal ruht? Wie wäre es, wenn das Ruhige der Spannung auch spannend wäre? usw.

Das werden dann „Koans", die den Denk- und Erlebnisraum des Klienten beträchtlich erweitern können. Diese Koans ergeben sich zwanglos im Laufe einer Diamond-Arbeit, ohne daß man sie bewußt beabsichtigen oder entwickeln müßte. Wenn man sich nicht sicher ist, ob zwei Punkte eine solche Qualität haben, probiert man es einfach aus. Bei der Verbindung von zwei Koan-Punkten zeigt sich in der Regel eine deutliche Änderung in der Mimik, Atmung und Körperhaltung der Klienten. Vielleicht lächeln sie spontan, oder sie werden auf eine angeregte Art nachdenklich.

Aber auch diese Verbindung von solchen persönlichen Koan-Punkten darf wiederum nicht mit der NLP-Technik des Ankerverschmelzens verwechselt werden, denn die beiden ursprünglichen Punkte bleiben voll erhalten. Vielmehr ist es so, daß eine neue Dimension hinzugefügt wird, ein Pleroma der beiden Ausgangsbegriffe, wenn man so will.

Bei dem Diamond geht es immer um ein *Mehr,* um ein Überschreiten von bestehenden Grenzen, um ein „Transzendieren", wie es in der Philosophie heißt. Normale Problembearbeitung versucht, von einem Problem-state hin zu einem Ziel-state zu kommen. Die gängige Vorstellung dazu ist die eines Ersatzes. Das Bisherige soll durch das vermeintlich Bessere *ersetzt* werden. Hier verfügt das Diamond-Denken, wie wir gesehen haben, über einen völlig anderen Ansatz. Im Diamond wird nichts ersetzt oder gar vernichtet. Wenn jemand kommt und mit seiner *Feigheit* unzufrieden ist, die er in bestimmten Situationen an den Tag legt, dann wird normalerweise versucht, Ressourcen des *Mutes* zu aktivieren und in den entsprechenden Bereich zu bringen. Ähnliches macht auch der Diamond. Aber im Diamond wird diese spezielle Art von Feigheit nie überlagert oder gelöscht. Sie bleibt ein eigenständiger und jederzeit frei zu wählender Punkt des Diamond-Netzes. Damit wird eine eigene Art von Integration vollzogen, in der alles seinen Platz haben darf. Das könnte man eine Integration der zweiten Stufe nennen. Keine Integration also, in der alles zu einem einzigen Punkt vermischt, verdichtet oder verkürzt wird.

Hier zeigt sich übrigens in der Praxis noch einmal eine interessante Paradoxie: Wenn versucht wird, die Feigheit ganz zu eliminieren, so daß es nur noch Mut gibt, ergibt sich als Konsequenz oft weit mehr an Feigheit, als es der Fall ist, wenn Feigheit als ein Zustand unter anderen seinen Platz behalten darf. Verallgemeinert gilt nämlich: *Gutes,* das sein muß, kann oft nicht sein. Und: *Schlechtes,* das sein darf, muß dann oft gar nicht mehr sein. Ist das nachzuvollziehen?

So war es bei Heiner, einem Mann mittleren Alters. Dieser wollte, bedingt durch eine sehr moralisch geprägte Erziehung, stets *gut* sein, und unter keinen Umständen *gewalttätig.* (Daß dieses Konzept ihm und seinen Mitmenschen sehr viel Gewalt antat, konnte er bis dato nicht erkennen.) Die Auflösung bestand nun darin, die Gewalttätigkeit des Guten und das Gute der Gewalttätigkeit emotional und kognitiv wahrzunehmen und anzuerkennen. Diese Erkenntnis wirkte sehr befreiend auf ihn. Er durchschaute jetzt die paradoxe Konstellation, daß seine Gewalttätigkeit, die nunmehr sein darf, nicht mehr unbedingt ausgelebt zu werden braucht, und daß eine Gutheit, die nicht unbedingt sein muß, sogar größeren Raum in seinem Leben einnehmen kann – wenn er das will. Überdies stehen jetzt beide Bereiche sehr viel mehr einer freien, bewußten Entscheidung offen.

Hegel hat das schöne Wortspiel von der *Aufhebung* als Kennzeichen seiner dialektischen Philosophie geprägt. Er spielt dabei mit der dreifachen Bedeutung des Wortes „aufheben":

▶ Man kann ein Gesetz *aufheben,* d.h. annullieren, streichen;
▶ man kann einen Gegenstand vom Boden *aufheben,* also auf ein höheres Niveau bringen;
▶ und man kann Gegenstände *aufheben,* im Sinne von aufbewahren oder sammeln.

Bei dem Beispiel des Mannes könnte man mit Hegel sagen, daß sowohl das Gutsein als auch die Gewalttätigkeit in ihrer alten Form im Diamond „aufgehoben" wurden, und zwar in allen drei Formen der Bedeutung. Dadurch entsteht ein weit vielschichtigeres Bild von der Wirklichkeit des Lebens.

Für gewöhnlich werden Widersprüche als Belastung empfunden. Man will sie beseitigen oder zumindest verringern. Wenn sich eine Aussage ergibt, die von mir sagt, daß ich *mutig* bin, und eine andere, daß ich *feige* bin, was gilt dann? Klassisches Denken wird sagen: Entweder das eine oder das andere. Da sich die beiden Aussagen widersprechen, muß eine von den beiden falsch sein. Bestenfalls liegt die Wahrheit irgendwo in der Mitte, also eine Mischung von beiden. Etwa wenn ich zu 60% mutig und zu 40% feige bin. Der Diamond weist hier einen ganz anderen Weg. Die Spannung wird als Spannung nicht geleugnet oder verdrängt. Und es gibt keinen Versuch, diese Spannung auf Kosten eines der Pole zu verringern. Im Gegenteil! Diese Pole werden eher als Widerspiegelung der dynamischen Lebenswirklichkeit und als Chance wahrgenommen. Die Spannung wird damit zu einer Energie, die das Leben voranbringt und bereichert!

Menschen, die sich das Diamond-Denken angeeignet haben, lassen deshalb zunehmend auch die mühsamen Versuche sein, hinter den widersprüchlichen Aussagen wieder eine darunterliegende gemeinsame Basis zu finden. „Eigentlich bin ich ja doch X!" Sie akzeptieren und freuen sich sogar daran, daß das Leben (die Liebe, die Wirtschaft, die Umwelt etc.) bunt, vielfältig und oft genug paradox sind. Schlechte Zeiten für Einheitsfanatiker, herrliche Zeiten für Lebenskünstler!

In einer Weltsicht, in der es nur zwei Schubladen gibt, führt das zu enormen Energieverlusten. Denn wenn in der einen Schublade das *Gute* liegt (Liebe, Altruismus, Erfolg etc.) und in der anderen das *Schlechte* (Haß, Egoismus, Mißerfolg etc.), dann wird man sich wohl für das Gute entscheiden. Alles andere wäre ja auch unvernünftig. Aber mit dem *Schlechten* verhält es sich dann oft wie mit einem Ball, den man unter die Wasseroberfläche zu drücken versucht. Im ungelegensten Augenblick – schwups – ist es wieder da. Vielleicht gar an einer Stelle, wo man es nicht erwartet hatte. Und auch das *Gute* bekommt einen so angestrengten und zwanghaften Charakter. Nicht nur also, daß das *Gute* am *Schlechten* und das *Schlechte* am *Guten* in einer solchen zweigeteilten Welt völlig ausgeblendet und verleugnet wird. Der oben beschriebene paradoxe Verdrängungs-Mechanismus frißt auch sehr viel an Kraft und an Lebensqualität.

Es ist schon mehrfach angeklungen, daß sich die eindeutige Unterscheidung in gut/schlecht durch den Diamond deutlich relativiert. Aber natürlich gibt es nach wie vor Vorlieben, Präferenzen, Optionen und Entscheidungen für den einen oder den anderen Punkt. Nur die Zuweisung in eindeutig, also absolut gute oder eindeutig schlechte Knotenpunkte will nicht mehr gelingen. Im Verbund der Diamond-Landkarte ist nichts mehr nur schlecht oder nur gut. Nichts mehr ist nur ein Problem, nichts mehr ist nur eine Lösung.

Betrachten wir einmal den Umgang mit den eigenen Gefühlen. Hier läßt sich der Diamond besonders gewinnbringend anwenden. Üblicherweise gibt es eine starke Tendenz, an den „guten" Gefühlen festzuhalten und „schlechte" Gefühle zu vermeiden oder zu verdrängen. Dadurch wird aber unnötig viel Kraft gebunden, die weit besser in Handeln oder in intensiveres Erleben investiert wäre.

Wie die Kreativitätsforschung zeigen konnte, zeichnen sich sehr kreative Persönlichkeiten durch eine größere emotionale Bandbreite aus als durchschnittlich kreative Menschen:

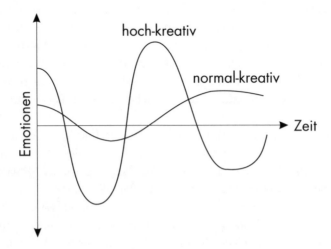

Diese größere Bandbreite wird aber in der Regel erst erschlossen, wenn alle Gefühle zu einer angemessenen Zeit für eine angemessene Dauer zu ihrem Recht kommen dürfen. Das gelingt aber mit einem Gut-/Schlecht-Schema nur schwerlich. Erst wenn bewußt geworden ist, daß Freude nicht mehr in allen Situationen, zu jeder Zeit und in jeder Hinsicht – also absolut! – besser ist als Trauer, bekommen *beide* Gefühle eine angemessene Existenzberechtigung. Dasselbe gilt für Zufriedenheit und Unzufriedenheit, Entspannung und Anspannung usw.

Eine Kursteilnehmerin hat einmal berichtet, daß für sie die wertvollste Erkenntnis mit dem Diamond die Entdeckung einer tiefgehenden Komplementarität im Leben war. Sie habe gelernt, auch großen inneren Schmerz nicht mehr wegdrängen zu müssen. Dadurch, daß der Schmerz seinen Raum in ihrem Leben bekam, war es ihr auch möglich geworden, ein größeres Maß an Freude und Glück zu genießen. Sie meinte, daß nunmehr „die Bremse gelöst" sei. Die Gefühlswelt muß nicht mehr in einen engen Korridor gezwängt werden. Im Erleben von Freude wissen wir bereits: Das wird nicht von Dauer sein. Und dieses Wissen kann zu einem zusätzlichen Anlaß werden, diese Momente besonders bewußt zu genießen. Aber auch im Erleben von Trauer können wir sicher sein: Auch sie wird nicht von Dauer sein! Und diese Gewißheit kann zum Anlaß werden, neue Hoffnung zu schöpfen.

Manche Menschen schließen einen (unbewußten) inneren Deal, der wie folgt aussieht: Ich nehme mir nicht so viel Freude oder Glück, und dafür (liebes Schicksal, liebe Emotionen, lieber Gott, lieber Kosmos o.ä.) verschonst du mich auch mit den negativen Gefühlen! Ganz abgesehen davon, daß sich das Leben gewöhnlich nicht um solche „Vereinbarungen" schert, ist eine solche Haltung auch ungemein lebensbeschneidend und limitierend. Sie versucht, eine enge emotionale „Amplitude" für das Leben festzuschreiben. Um wieviel anders ist es, wenn solche Verträge nicht mehr notwendig sind und schlicht ihren Sinn verlieren. Wenn das Leben also Leben sein darf, in seiner ganzen Bandbreite.

Damit ist bereits etwas zur Sprache gekommen, das noch einmal ausdrücklich hervorgehoben werden soll. Wir wollen es die *Spannweite* nennen. Das ist ein Begriff, den man von Flugzeugen, von Brücken oder von der Mathematik her kennt. Er meint jeweils den Abstand der beiden äußersten Punkte. Das läßt sich als Bild auch auf den Diamond übertragen. Wenn jemand von sich meint, er wäre *feige*, dann unterstellt das Diamond-Denken fast automatisch, daß er auch *mutig* ist. Und zwar bereits jetzt schon! Diesen Punkt gilt es dann „nur" noch zu entdecken. Es ist also keine mühsame Verlagerung des gegenwärtigen Problems hin zu einem zukünftigen Ziel, sondern das Prinzip der Spannweite besagt, daß es den anderen Punkt bereits gibt.

Würde die *Feigheit* zugunsten des *Mutes* ausgelöscht, wäre zwar ein vermeintlich besserer Zustand erreicht, aber die Spannweite hätte sich deutlich verringert. Ganz anders verhält es sich beim Diamond. Hier werden beide Punkte entdeckt, zugänglich gemacht und – ganz wichtig! – belassen. Die *Feigheit* wird es auch nach der Diamond-Arbeit noch geben. Neu ist dann aber, daß es zusätzlich eine Vielzahl von wählbaren Alternativen zu diesem Punkt gibt. Man kann dann in Zukunft feige sein, wenn man das möchte, oder es auch bleiben lassen. Vielleicht zieht man es vor, mutiger zu sein, oder man entscheidet sich für ganz etwas anderes. Beide Pole gelten zur selben Zeit. Also nicht: „Früher war ich feige, jetzt bin ich mutig." Beides ist wahr! (Wenn auch nicht in den gleichen Kontexten und in der gleicher Weise! Sonst würde es ja keinen Unterschied mehr zwischen Feigheit und Mut geben, was offensichtlich unsinnig wäre.)

Den Vorgang, Spannweite zu erhalten oder zu vergrößern, gibt es nicht nur zwischen einzelnen Punkten auf der Bedeutungslandkarte, sondern auch zwischen ganzen Diamonds. Im Fall des Mannes, der als Gemeinsamkeit von *finanziellem Erfolg* und *finanziellem Mißerfolg* das *Scheitern* angegeben hatte, war am Schluß die wesentliche Erkenntnis, daß er gewissermaßen im „falschen" Diamond lebte. Seine Landkarte hat sich wie folgt weiterentwickelt:

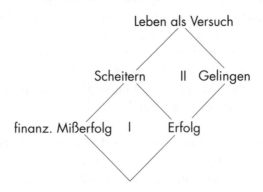

Satz und Gegen-Satz von Diamond (I) war sein Ausgangspunkt gewesen. Danach hatte er das überraschende Pleroma des *Scheiterns* entdeckt. Damit wurde nun ein neuer Diamond eröffnet (II), dessen Gegen-Satz das Gelingen war. Als neues Pleroma ergab sich das *Leben als Versuch*. Diese beiden Diamonds vor Augen machte der Mann die Erfahrung, daß es ganz unterschiedliche Zustände in ihm hervorrief, wenn er sich in Diamond (I) oder in Diamond (II) „aufhielt". Ganz andere Gedanken, Gefühle, Vorstellungen und Pläne. Die Lösung, die er für sich fand, bestand also darin, seinen bevorzugten Lebensort von (I) nach (II) zu verlegen. Wohl wissend, daß der Diamond (I) weiterhin für ihn zugänglich blieb. Zwischen den beiden Diamonds hatte sich damit eine Spannweite ergeben, die von großer Relevanz für den Mann war.

Wenn man Verstand und Gefühle als Gegen-Sätze konzipiert, so wie es viele machen, dann ist der Diamond auch hier ein Pleroma, und zwar der Pleroma-Punkt, der Logik *und* Gefühl, Kopf *und* Bauch verbindet. Wir haben spezielle Seminare zum Diamond auch unter dem Titel *Emotions-Surfen* angeboten. Damit sollte betont werden, daß es durch den Diamond möglich gemacht wird, elegant durch unterschiedliche Gefühlswelten zu reisen. Wie ein Surfer auf dem Meer, der die Wellen und die Winde geschickt ausnützt und seinen Spaß dabei hat. Mit der Diamond-Technik zu arbeiten, bedeutet also alles andere, als „verkopfte" Fragen zu stellen. Im Gegenteil gehört es sogar zum Geschick eines guten Beraters und Prozeßbegleiters, nur soviel von der logischen Struktur des Diamond zu vermitteln, wie es für den Klienten auch wirklich eine echte Hilfestellung und eine Bereicherung ist. Das variiert sehr stark. Für manche steht die Erlebniskomponente sehr im Vordergrund. Anderen hingegen ist es durchaus eine Hilfe, im Laufe des Diamond-Prozesses auch die zugrundeliegenden Prinzipien zu verstehen.

Noch ein Wort zum „Surfen". Es dürfte nachempfindbar sein, daß sich durch eine Diamond-Landkarte sehr unterschiedliche emotionale Punkte auftun. *Gewinnen* fühlt sich anders an als *Verlieren* und *Spaß haben* ist emotional wiederum etwas anderes. Das nächste ist jetzt aber die Dynamik, die ins Spiel kommt. Es entsteht eine *Bewegung* zwischen den Punkten. Und weil es hier keine absolut besten Punkte mehr gibt, taucht die Versuchung erst gar nicht mehr auf, sich irgendwo dauerhaft niederlassen zu wollen und das Leben auf einen festen „State" einfrieren zu wollen.

Jeden Punkt kann man auch wieder verlassen, ohne ihn „schlechtmachen" zu müssen. Vielmehr läßt man einen Punkt hinter sich, weil jetzt eben ein anderer dran ist. Dieser muß noch nicht einmal „besser" sein. Oft ist es auch gar nicht auszumachen, nach welchen Kriterien und auf welchem Hintergrund ein solcher Vergleich eigentlich vollzogen werden sollte. Es entsteht somit ein freier und spielerischer Übergang von einem Diamond-Punkt zum anderen. So, wie es im Augenblick gerade angemessen und für einen stimmig ist, oder wo die Lust gerade hingeht. Deshalb zeichnen ein hohes Maß an Souveränität und eine große innere Gelassenheit diese „surfende" Haltung aus. Nichts muß mehr krampfhaft festgehalten werden, nichts mehr zwanghaft angestrebt werden.

In einer solchen Haltung nutzt man auch in einem zunehmenden Maße die Chancen, die einem das Leben bietet. Eben wie ein Surfer, der einerseits die Richtung vorgibt und sein Brett auch dorthin steuern kann, aber andererseits von den großen Strömungen und den vorherrschenden Windverhältnissen abhängt. So wird man von einem (oftmaligen) Gegenspieler zu einem Mitspieler mit dem Fluß des Lebens. Man betritt neue Lebenswelten und neue Lebensabschnitte, ohne den schwierigen Nachweis, daß das Neue besser sei als das Alte. Auch das, was man hinter sich läßt, darf in seiner Art und in seinem Recht bleiben. Es paßt dann eher so ein Satz wie: „Es war gut, jetzt ist es vorbei." Eine lebendige Leichtigkeit kann sich damit einstellen. Und zwar ohne den Ernst des Lebens leugnen oder bagatellisieren zu müssen. Auch wird man dann nicht zu kindlichen Mustern der Verantwortungslosigkeit regredieren. Der Spaß am Leben bekommt einen zentralen Raum. Und zwar, ohne daß der Spaß zum Zentralen des Lebens stilisiert werden müßte.

Wie man sieht, sind auch die Beschreibungen dieses Zustandes selber wieder paradox und Diamond-förmig. Das kann auch gar nicht anders sein. Schließlich wäre es ja auch seltsam, wenn so ein Instrument der Mehr-Deutigkeit wie der Diamond letztlich wieder in einem Bereich der Eindeutigkeit enden würde. Wenn man also irgendwann einmal zu wissen meint: „Das ist der Diamond. Jetzt ist es klar." Dann kann man auch hier wieder nur sagen: *So ist es! Aber nicht nur!*

Was wird durch Glück verhindert?

Nun kommen wir zu einer Frage, die beim ersten Hören vielleicht sehr seltsam angemutet hätte, die aber jetzt schon sehr viel verständlicher ist: *Was wird durch Glück verhindert?*

Hat denn selbst das Glück noch eine Kehrseite? Die spontane Antwort, die auf eine solche Frage sehr oft gegeben wird, lautet: „Nichts natürlich!" Was sollte auch durch so etwas Positives wie das Glück verhindert werden? Das Modell des Diamond fragt aber, wie wir gesehen haben, an jedem Punkt standardmäßig sowohl nach den Ermöglichungen als auch nach den Ent-Möglichungen. Es kann nun gut sein, daß der Punkt „Glück" bereits einen Core State bezeichnet, daß also die Frage: *Was wird durch Glück ermöglicht?* keine verbale Antwort mehr findet. Dennoch wird die entsprechende zweite Frage ebenso gestellt: *Was wird durch diese Art von Glück verhindert?*

Für das Unverständnis, das eine solche Frage hervorruft, hat sich oft eine kleine Geschichte als ganz hilfreich erwiesen. Wie etwa die folgende:

Es gibt Menschen, die haben in ihrem Leben schon viel durchgemacht, z.B. eine sehr schwere Krankheit oder eine stark einschränkende Behinderung. Und viele dieser Menschen verfügen über eine große empathische Fähigkeit. Sie nehmen sehr fein wahr, wenn es anderen nicht gut geht und haben oft eine unaufdringliche Art, andere zu ermutigen und aufzubauen.
*Und es gibt andere Menschen, die wirkliche Glückskinder sind. Die einfach auf der Sonnenseite des Lebens stehen. Die haben dann manchmal eine Unbeschwertheit und eine Fröhlichkeit, die ansteckend und natürlich auch beneidenswert ist. Dafür, daß es anderen weniger gut geht, haben sie jedoch kein so ausgeprägtes Gespür. Das muß keine bewußte Ignoranz sein, sie nehmen es einfach nicht wahr. In einem gewissen Sinne könnte man also sagen, daß durch ihre Art von Glück **Empathie** verhindert wird.*

Daran knüpft man dann den Bezug zu der aktuellen Diamond-Arbeit: *Die spannende Frage ist nun, was durch deine Art von Glück für dich verhindert wird...*

Für Monika z.B. war *Liebe* der absolut höchste Wert. Ihr ganzes Leben sah sie zu einem großen Teil als die Aufgabe, immer näher an diese Liebe heranzukommen. Für das, was durch *Liebe* ermöglicht wird, fand sie kein Wort mehr. Und an ihrem

Gesichtsausdruck konnte man ablesen, daß über einen ganz hohen Wert von ihr gesprochen wurde. Dann kam die „Routinefrage" des Diamond:

Was wird durch diese Art von Liebe verhindert?

Verhindert?

Ja, verhindert. Was wird durch diese Art von Liebe für dich verhindert?

[Sie schüttelte zunächst den Kopf und hatte scheinbar die Frage für sich schon innerlich abgehakt. Bei so etwas Positivem wie der Liebe konnte es doch gar keine negativen Aspekte geben. Erst nach einer erläuternden Geschichte wie der obigen nickte sie schweigend und war sehr in sich versunken. Einige Augenblicke später sagte sie plötzlich mit großer Heftigkeit:]

Verrückt! Jetzt habe ich mein ganzes Leben lang gedacht, ich müßte Liebe anstreben, und war immer mit mir unzufrieden, daß ich noch so weit entfernt war. Liebe war immer so etwas absolut Heiliges, so etwas Unbedingtes. Jetzt merke ich, daß das so ja gar nicht stimmt. Das stimmt ja so gar nicht ...

[Sie versank wieder in ein längeres Nachdenken, in der ihr offenbar noch vieles durch den Kopf ging. Nach einigen Minuten bedankte sie sich und verabschiedete sich. Sie wollte noch spazierengehen und einige Zeit mit sich allein sein.]

Eine solche befreiende *Relativierung* von höchsten Werten ist eine typische Erfahrung, die Menschen mit dem Diamond machen. Auch das Beste ist nicht immer nur gut. Es gibt Situationen, in denen selbst der schönste Wert zu Ergebnissen führt, die man eigentlich nicht will.

Ganz entscheidend aber ist, daß diese Werte durch die Diamond-Fragen nicht „ausgeredet" oder gar „schlechtgemacht" werden. Und auch bei Monika war es ja nun keineswegs so, daß der Wert „Liebe" seinen *hohen* Stellenwert verloren hätte. Hinterfragt und aufgelöst wird vielmehr das Konzept von *höchsten* Werten, also Werte, die absolut (immer, für alle, bei allen Situationen) gelten und die obendrein stets besser sind als andere Werte.

Noch ein kurzes Wort zu der Logik von Werten. Angenommen, jemand befindet sich in einer Situation, wo Wert A eine gewisse Handlung nahelegt und Wert B eine andere Handlung, beide sich aber gegenseitig ausschließen. Dann *muß* nach klassischer Logik letzteres ausgeführt werden, wenn gilt: B ist ein höherer Wert als A. Schließlich gilt es ja, das Bessere zu tun. A < B.

Anders beim Diamond. Hier werden auch die Werte in bezug zu ihren Ermöglichungen und Ent-Möglichungen gesetzt. Was ein hoher Wert in einem Bereich und zu einer Zeit ist, kann zu einer anderen Zeit oder in einem anderen Bereich nur ein sehr geringer Wert sein und umgekehrt.

Damit relativiert sich auch das Konzept einer festen *Wertehierarchie*, die konstant für alle Bereiche des Lebens gilt, und deren Rangfolge ganz logisch aufgebaut ist. Wenn der Wert A (z.B. Aufrichtigkeit) geringer bewertet wird als ein Wert B (z.B. Beziehung) und dem Wert B der Wert C (Charme) vorgezogen wird, dann muß C stets auch A vorgezogen werden! (Aus A < B und B < C folgt logisch A < C.) Daß man die Aufrichtigkeit manchmal auch dem Charme vorzieht, bleibt in diesem Modell undenkbar bzw. hätte etwas zutiefst Unvernünftiges und Irrationales an sich. Beim Diamond-Denken kann es hingegen durchaus vorkommen, daß für die eigene Werte-Landkarte: gilt A < B, B < C, aber auch C < A!

Probleme treten in dem klassischen Modell immer dann auf, wenn nicht entscheidbar ist, welcher Wert einem anderen vorgezogen werden soll. Wenn die Werte also auf der gedachten Linie der Rangordnung zu nahe beieinander liegen. Dann liegt ein Werte-Dilemma vor. Die Lösung besteht dann in einem solchen Fall darin, die Werte weiter auseinanderzurücken und damit eine klare Hierarchie zwischen ihnen wiederherzustellen. Da eine solche simple und starre Rangfolge in der Praxis kaum der Komplexität unseres modernen Lebens entspricht, wird sie bei der konkreten Werte-Arbeit oft auf zwei solche Linien verdoppelt. Jetzt gibt es dann eine Wertelinie für das Berufs- und eine andere für das Privat- und Familienleben. Zu offensichtlich ist, daß sich diese beiden Bereiche wertmäßig nicht zu einer streng logischen Reihe formen lassen. An diesen Punkt angelangt, kann man jedoch fragen: Warum nur zwei Wertelinien – und nicht noch mehr? Der Grund liegt schlicht in pragmatischen Gesichtspunkten. Bei einer weiteren Vermehrung von Wertelinien würde ja gerade die oben kurz beschriebene Methode der relativ leichten Problemlösung verloren gehen. Auch würde sich zunehmend die Plausibilität verlieren, noch sehr vernünftig, d.h. klassisch logisch vorzugehen. Denn in der Tat verläßt schon das Modell einer doppelten Wertehierarchie den Boden klassischer Rationalität. Das wird aber stillschweigend in Kauf genommen um der größeren Praxistauglichkeit willen. Optimal wäre es, mit genau einer Linie zu arbeiten. Wenn das aber nicht in die Lebenswirklichkeit paßt, versucht man eben einen Kompromiß zwischen dieser heterogenen Wirklichkeit und dem hierarchischen Wertemodell und benutzt zwei.

Im Licht des Diamond macht das Konzept von solchen Wertelinien insgesamt nur noch bedingt Sinn. Vor allem, wenn man es für eine tatsächliche Wahrheit hält und nicht nur als anschauliche Metapher in beratender oder therapeutischer Arbeit. Ist es denn irrational, die Aufrichtigkeit dem Charme vorzuziehen? Und wie steht es, wenn mir gestern Beziehung sehr wichtig war, heute Aufrichtigkeit und morgen vielleicht Charme? Habe ich dann etwa keine Werte?

Je nach Situation und Zeitpunkt können Werte manchmal mehr, manchmal weniger hilfreich für eine Handlungsorientierung sein. Der Diamond in seiner Bearbeitung der aktuellen Situation macht dieses Geflecht von Abhängigkeiten und Präferenzen sichtbar. Die Entscheidungen, die dann getroffen werden, waren im Nachhinein gesehen vielleicht günstig oder weniger günstig. Somit vielleicht in einem speziellen Sinne „falsch" oder auch „richtig". Auf keinen Fall aber so etwas wie „absolut falsch" oder „absolut richtig"! Selbst Glück verhindert noch etwas. Liebe verhindert etwas. Frieden verhindert etwas. Natürlich gerät dabei auch nicht aus dem Blick: Glück ermöglicht sehr viel. Liebe ermöglicht sehr viel. Frieden ermöglicht sehr viel.

Was ist eine Lösung?

Aus dem Blickwinkel der Therapie ist es sinnvoll, zwei Arten von Problemen zu unterscheiden: Das erste sind *Sachprobleme*, das zweite *Bedeutungsprobleme*. Grob gesagt sind Sachprobleme all diejenigen Probleme, die eine Therapie prinzipiell nicht lösen kann. Wenn etwa jemand in die Therapie kommt und sagt, er habe zu wenig Geld, um seine Miete zu bezahlen. Etwas ganz anderes ist es, wenn jemand von sich meint, daß er nicht liebenswert sei. Hier liegt ein *Bedeutungsproblem* vor. Bei der Miete kann nur eine Veränderung in der realen Welt eine wirkliche Lösung bringen. Er braucht eine Mietstundung, einen Kredit, eine finanzielle Überbrückung oder dergleichen. Veränderungen seiner inneren Landkarte mögen ihm dabei (mittelfristig) eine Hilfe sein, das Entscheidende passiert aber „außen". Bei der Frage der Liebenswürdigkeit spielt sich das zentrale Geschehen jedoch „innen" ab. Hier ist es sogar so, daß *keinerlei* äußere Veränderung eine Lösung für sein Problem darstellen würde. Jemand, der glaubt, er ist nicht liebenswert, dem kann eine Therapeutin nicht mit irgendwelchen äußeren Aktivitäten in einen anderen Zustand bringen, sondern nur dadurch, daß sich in seinem eigenen Bedeutungsraum etwas ändert. Das heißt, Psychotherapie beschäftigt sich im wesentlichen damit, daß die Bedeutung von Problemen verändert wird. Es geht also um eine Neuorganisation der Bedeutungswelt, in der ein Klient lebt.

Lösungen sind der Gegenbegriff zu Problemen. Wenn wir Probleme haben, dann suchen wir für das Problem eine Lösung. Und der Begriff *Lösung* macht überhaupt nur Sinn relativ zu einem Problem. Man kann daher sagen: Das Problem für sich konstituiert noch keinen Bedeutungsraum. Erst wenn man weiß, was für denjenigen überhaupt eine Lösung des Problems wäre, kenne ich den Bedeutungsraum, innerhalb dessen derjenige denkt.

Angenommen, jemand sagt: „Ich habe ein Magengeschwür. Das ist mein Problem." Dann sieht er vielleicht die Lösung in einem chirurgischen Eingriff. Ein anderer sagt: „Ich habe Magengeschwüre, ich muß eine Diät machen." Der dritte sagt: „Ich muß mal untersuchen, welche seelischen Belastungen diese Magengeschwüre vielleicht ausgelöst haben." Alle drei haben Magengeschwüre – aber: Erst wenn ich ihre Lösung kenne, oder das, was sie für eine Lösung halten, weiß ich, in welchem Bedeutungsraum für sie die Magengeschwüre überhaupt existieren, d.h. was für sie Magengeschwüre sind.

Bedeutungen darf man sich nicht als etwas „Neutrales" vorstellen, das sich nur in den Gedanken abspielen würde. Vielmehr werden solche Bedeutungen buchstäblich *verkörpert*. Wie sichtbar die körperliche Komponente eines Bedeutungserlebnisses wird, ist natürlich sehr unterschiedlich. Es kann sein, jemand den man liebt, sagt am Telefon: „Ich denke, unsere Beziehung ist beendet." Vielleicht fängt man dann zu weinen an. Oder der Körper beginnt zu zittern oder was auch immer.

Oder man bekommt einen Brief und da steht drauf: „Mitteilung von der Süddeutschen Klassenlotterie: Glückwunsch, Sie haben zwei Millionen gewonnen!" Auch das wird uns nicht „kalt" lassen. Ständig reagieren wir auf Bedeutung, und dieser Umgang mit Bedeutung ist nicht zuletzt ein durch und durch körperlicher Vorgang. Wer seine Bedeutungen verändert, verändert – spürbar! – sein Leben!

Eine weitere wichtige Differenzierung, die für Therapie und Coaching eine große Bedeutung hat, ist die Unterscheidung von Lösungen *erster Ordnung* und Lösungen *zweiter Ordnung*. Lösungen erster Ordnung sind Lösungen, die dadurch entstehen, daß ich mehr von demselben mache. Wenn es etwa in meinem Zimmer kalt ist, dann heize ich. Ist es noch nicht warm genug, dann drehe ich die Heizung höher. Ich mache also mehr von der bisherigen Lösung. Oder ein Mann wirbt um eine Frau und schickt ihr Blumen. Weil sie sich aber nicht für ihn erwärmen will, schickt er mehr Blumen – statt alle 14 Tage nun jeden Tag. Manchmal wirkt das, manchmal wirkt es nicht.

In der Therapie zeigt sich nun oft, daß Klienten bei psychischen Problemen, die sie dann letztendlich zum Therapeuten führen, oft über Jahre und Jahrzehnte versucht haben, ein Problem mit solchen Lösungen erster Ordnung zu lösen. Die Lösungen *zweiter Ordnung* fallen einem überhaupt nicht ein. Vielmehr sind die Klienten wie hypnotisiert darauf, nur mehr vom selben zu tun. Dadurch wird es sogar oft noch schlimmer. Zudem entsteht der fatale Eindruck: Das muß ein unglaublich schwieriges Problem sein. Denn wenn ich mich derartig anstrenge, um es zu lösen, und alle meine Lösungsversuche zu nichts führen, dann muß das Problem entsetzlich schwer sein. Das legt quasi die Alltagslogik nahe.

Man braucht häufig einen gewissen Abstand, um zu verstehen: Nur, weil die sehr intensiven bisherigen Lösungsbemühungen nicht gefruchtet haben, ist dies kein Beweis dafür, daß das Problem kompliziert ist. Es könnte auch sein, daß ich einfach das Falsche gemacht habe. Daß man also das Problem so gar nicht lösen kann.

In so einem Fall braucht man sich natürlich auch nicht zu wundern, daß auch durch noch mehr Anstrengungen bislang keine Lösung erreicht wurde.

Das heißt, ein wesentlicher Teil von Therapie besteht darin, mit jemandem gemeinsam über die Art und Weise nachzudenken, wie man bisher über das Problem gedacht hatte. Therapie bedeutet: Alte Lösungsmuster zu verlassen und *qualitativ* neue Lösungsformen zu entwickeln. Das ist, was man unter einer Lösung *zweiter Ordnung* versteht.

Um bei dem Beispiel mit dem kalten Zimmer zu bleiben: Wenn ich merke, mein ganzes Heizen nutzt nichts, das Zimmer wird nicht wirklich wärmer, dann sollte man als nächstes einmal nachsehen, ob denn die Fenster überhaupt zu sind, ob die Wände genug isoliert sind usw. Was nutzt es, wenn ich heize, aber die Hitze geht im Handumdrehen wieder weg. Das heißt, ich schaue nicht mehr unmittelbar auf das, was mehr Wärme produziert, sondern ich beachte auch die Randbedingungen, die eventuell dazu führen, daß meine Bemühungen bislang nichts nutzten.

Eine Lösung zweiter Ordnung setzt immer einen Wechsel der Betrachtungsweise voraus. Ich betrachte das Problem aus einem anderen Blickwinkel und in einem ganz anderen Rahmen. Die neue Sichtweise ist oft in einem hohen Maße erstaunlich und verblüffend. Gerade, wenn man eine alte Sichtweise über Jahre hinweg gewohnt war. Dann war es oft kaum vorstellbar, daß es eine andere Perspektive überhaupt geben kann.

Oft sind Lösungen zweiter Ordnung für den, der das Problem hat, ziemlich *kontra-intuitiv*. Es ist nicht das, was ihm selbst sofort einleuchtet. Deshalb kann es vorkommen, daß der Klient überrascht und manchmal sogar empört ist, wenn man ihm eine solche Lösung vorschlägt. „Also, das kann ja wohl nicht die Lösung sein!"

Die Diamond-Technik nun stellt *weder* eine Lösung erster Ordnung *noch* eine Lösung zweiter Ordnung dar. Vielmehr hat sie die Tendenz, den inneren Zusammenhang von Problem und Lösung selbst aufzugeben. Und darum nennen wir das nicht Lösung dritter Ordnung (was man auch machen könnte), sondern wir bezeichnen es als *Auflösung*. Und diese Auflösung könnte man – wenn man ein wenig in die philosophische Trickkiste greifen will – mit buddhistischen lebensphilosophischen Einstellungen betrachten.

Im Buddhismus ist schon die Vorstellung, daß etwas überhaupt ein Problem ist, eine Fehlkonzeption. Ein Problem wird nur dadurch ein Problem, daß ich eine Situation als solche *bewerte*. So daß man sagen kann: Von diesem Standpunkt aus gesehen ist der erste große existentielle Irrtum, eine Situation als *Problem* zu bezeichnen. So heißt es etwa: „Für denjenigen ist der große Pfad leicht, für den die Dinge weder gut noch schlecht sind." Anders gesagt: Wer die Wirklichkeit nicht nach den Kriterien von Problem und Lösung einteilt.

Nun ist es eine Sache, so etwas philosophisch festzustellen und als eine Art Haltung vorzuschlagen. Etwas ganz anderes ist es, diese Haltung tatsächlich in sich selbst erzeugen zu können. Unser westliches Denken – aber nicht nur das westliche, sondern weite Teile des östlichen auch – entwickelt sein ganzes Begriffs- und Bedeutungsgeflecht über die Welt in Gegensätzen: Tag und Nacht, hell und dunkel, sittlich und unsittlich usw. Und diese polaren Gegensätze werden so behandelt, als wenn etwas an sich ein Problem oder an sich eine Lösung wäre. Wenn man aber etwas genauer darüber nachdenkt, dann könnte man zum Beispiel entdecken, wie wir das schon getan haben: Heutige Probleme sind mißglückte Lösungsversuche von Gestern.

Jemand hat etwa einen Heißhunger auf Süßigkeiten, würde aber gerne weniger davon essen. Das Essen von Süßigkeiten hat jedoch einen zwanghaften Charakter bei ihm. Im NLP würde man jetzt mit dem inneren Teil arbeiten, der ihn bislang dazu veranlaßte, viel Süßes zu essen. Man würde diesen Teil fragen: Sag mal, was ist eigentlich deine positive Absicht, was möchtest du mit diesem Konsumieren von Süßigkeiten erreichen? Dann wird er vielleicht sagen: Wenn ich Süßes esse, dann fühle ich mich gut, das beruhigt mich und ich bin innerlich nicht mehr so kribbelig.

Das heißt, das ursprüngliche Problem war, daß die Person sich kribbelig und unruhig fühlte. Die Lösung dafür war, Schokolade zu essen. Das war insofern eine echte Lösung, als dadurch dieses negative Gefühl tatsächlich weggegangen ist. Und wenn Schokolade nur dieses eine Problem wegmachen würde und sonst keinerlei Nebeneffekt hätte, könnte es sein, daß er mit dieser Lösung bis ans Ende seiner Tage glücklich gewesen wäre.

Stellt er aber fest, daß diese Lösung auch alle möglichen „Nebenwirkungen" hat, dann sagt er sich vielleicht: Jetzt werde ich mit dieser Lösung wieder aufhören. Aber was passiert dann sofort in seinem Inneren? Derjenige fällt sofort auf sein ursprüngliches Problem zurück. Er hört auf, Schokolade zu essen und fühlt sich wieder unangenehm unruhig. Und es bleibt ihm scheinbar nichts anderes übrig: Er ißt wieder Schokolade. Eine wirkliche Lösung kann nur eine Lösung zweiter Ordnung sein. Der Vorsatz, weniger Schokolade zu konsumieren, ist noch keine Lösung. Erst wenn er andere Verhaltensweisen findet, die den gleichen positiven Effekt haben, ohne jedoch dick zu machen, dann hat er eine Lösung (zweiter Ordnung). Er wird dann Atemübungen machen, um ruhig zu werden, oder Spaziergänge unternehmen. Vielleicht hilft ihm auch ein Kaugummi zur Beruhigung, oder er powert sich beim Sport aus.

Wie auch immer. Eine Lösung für das Schokoladenproblem gibt es nur, wenn er zuerst das Problem seiner Unruhe gelöst hat. Denn eine Lösung erster Ordnung würde einfach darin bestehen, ihn auf eine Diätfarm mitten in der Nevada-Wüste zu schicken. Da gibt es keine Schokolade – Punkt. Wo keine Schokolade ist, kann er keine essen. Man kann sich jedoch vorstellen, was passiert, wenn er wieder zurückkommt und es wieder Schokolade in seinem Umfeld gibt.

Leuten, die mit NLP vertraut sind, wird dies alles unter dem Stichwort *Ökologie-Check* ganz bekannt vorkommen. Wird die Lösung, die wir gerade erarbeiten, für irgendeinen Teil der Person ein (neues) Problem werden? Das ist soweit nett gedacht – aber in einem gewissen Sinne naiv. Es vermittelt den Eindruck: Man muß nur ganz genau nachfragen und dann kann man sicher sein, das ist wirklich ökologisch und wird bestimmt nicht zum Problem werden!

Aber all das operiert immer noch mit festen „Zuständen". Im Beispiel der Diätfarm sieht das so aus:

>Zustand 0: Schokolade essen
>Zustand 1: Nicht Schokolade essen

Zustand 1 ist besser als Zustand 0, weil es nicht dick macht. Deshalb der therapeutische Rat: Geh auf Zustand 1, z.B. in Form einer strengen Diätfarm. Nimmt man jedoch die „ökologischere" Betrachtungsweise ein und zieht auch die ursprüngliche Unruhe in Betracht, dann gibt es jetzt einen neuen Zustand. Z.B.:

>Zustand 2: Atemübungen machen

Dieser Zustand ist der allerbeste! Atemübungen lösen die Unruhe und lösen damit das Schokoladenproblem. Deshalb der therapeutische Rat: Nimm Zustand 2 ein – und bleib' dabei!

Wer aber garantiert uns, daß die Atemübungen nicht selber zu einem Problem werden? Oder mal angenommen, die Unruhe war selber eine Lösung für ein anderes Problem, sagen wir Unzufriedenheit. Dann würden die Atemübungen dazu führen, daß diese Unzufriedenheit wieder hoch kommt. (Genauso wie der Verzicht auf Schokolade die Unruhe wieder hervorbrachte.) Dann wäre auch dieser Zustand 2 wieder keineswegs ideal und es bräuchte einen neuen Zustand 3. Wie man sehen kann, läßt sich das Spiel leicht fortführen.

Bei der Diamond-Technik geht es daher *nicht* darum, den absolut besten Zustand ausfindig zu machen. Es geht *nicht* um die ideale Lösung. Vielmehr ist das Ziel der Diamond-Technik, die *Beweglichkeit* zu steigern, um flexibel von einem Zustand in den anderen zu kommen. Jetzt esse ich Schokolade, jetzt esse ich keine mehr, jetzt bin ich unruhig, jetzt bin ich ruhig, jetzt bin ich unzufrieden, jetzt bin ich zufrieden. Jetzt habe ich Lust auf Atemübungen und mache sie, jetzt habe ich keine Lust und mache sie nicht.

Man verhilft also der Klientin oder dem Klienten zu einem inneren Erleben, wo sie oder er nicht mehr festgefahren ist. Weder auf einen Problemzustand, noch auf einen Lösungszustand. Auch nicht auf einen Lösungszustand zweiter Ordnung. Das bezeichnen wir als *Auflösung!*

Es ist dann völlig unproblematisch, sich mal unruhig zu fühlen, ohne sofort Schokolade essen zu müssen. Oder die Person sagt sich: „Heute ist mir danach, ich zieh' mir jetzt eine Tafel Schokolade rein." Oder sie sagt sich: „Ich glaub', ich setze mich mal hin und schaue, worum es hier eigentlich geht." Oder, oder, oder...

Das ist ein ganz wichtiger Unterschied der Diamond-Technik zu vielen anderen Methoden! Wenn wir spontan an eine *Lösung* denken, dann kommt uns meistens wieder ein fester Zustand in den Sinn. Dieser neue Zustand ist anders und natürlich besser als der bisherige Problemzustand, sonst wäre es ja keine Lösung. Problem*lösungs*technik versuchen diesen (optimalen) Zustand herauszufinden und ihn zugänglich zu machen. Eine Problem*auflösungs*technik wie der Diamond verfolgt aber eine völlig andere Zielsetzung. Ihr geht es um den *Prozeß* der Zustandsveränderung als solchen. Bildlich gesprochen: Es geht nicht um das *Bleiberecht* an bestimmten Orten, sondern um die *Reisefreiheit* zu den jeweils schönsten Plätzen.

Jenseits von Problem-Lösungen

Durch die bisherigen Ausführungen sollte bereits nachvollziehbar geworden sein, in welcher Weise man einer konventionellen *Lösung* von Problemen eine *Auflösung* gegenüberstellen kann. *Auflösung* geschieht durch eine Vergrößerung des relevanten „Raumes". Zusätzlich zu dem meist hinlänglich bekannten Spannungsfeld von Satz und Gegen-Satz werden das Pleroma und das Kenoma erschlossen und alle diese vier Punkte werden eingebettet in das noch größere Netz einer Bedeutungslandkarte. Dieser Prozeß relativiert und kontextualisiert die verengte Sicht, die ja zu einem großen Teil das *Problem* selber kennzeichnet. Auflösung heißt also nicht notwendigerweise, einen neuen Punkt zu finden, der besser wäre als der alte. Auflösung bedeutet, eine neue Art von Flexibilität zwischen all den vorhandenen Punkten zu erreichen.

Denn Probleme werden meist als viel zu dinglich angesehen. Menschen haben dann Probleme, wie sie Sommersprossen oder ein Surfbrett haben. Und nur allzu leicht verliert man aus den Augen, daß die Definition des Begriffes *Problem* folgende zentrale Elemente enthält: *Ein Problem ist eine subjektiv als negativ erlebte Differenz zwischen einem Ist-Zustand und einem Soll-Zustand.*

Jemand benennt z.B. als Problem, daß er in einer gewissen Situation „zu wenig mutig" sei. Ausgehend von der Definition müßten dann mindestens folgende drei Fragestellungen berücksichtigt werden:

1. Stimmt die Beschreibung des Ist-Zustandes? Ist er tatsächlich zu wenig mutig? Woran genau merkt er, daß er es ist? Was *bedeutet* es für ihn, „zu wenig mutig" zu sein?

2. Stimmt die Beschreibung des Soll-Zustandes? D.h. vor allem, ist sie „stimmig" mit der Person zum jetzigen Zeitpunkt? Ist es also wirklich in dem speziellen Kontext erstrebenswert, *mutiger* zu sein? Ebenso muß auch hier wieder genau nachgefragt werden, was das denn konkret bedeutet.

3. Und ganz wesentlich: Ist das negative Attribut, das man der Differenz gibt, angemessen? Muß man sie zwingend als etwas Negatives betrachten? Denn eine reine Ist-Soll-Differenz kann wesentlich ressourcenorientierter auch als *Aufgabe* oder als *Herausforderung* definiert werden. Oder bei Dingen, die einem im Leben zentral

wichtig sind, auch als *persönliche Vision*. (Es ist besser, eine persönliche Vision zu haben als ein Problem!)

Der Diamond bewirkt solche entscheidenden Änderungen der Sichtweise, indem er die bisherigen Blickwinkel verändert und neue Perspektiven zugänglich macht. Jeder Punkt des Netzwerkes stellt, wenn man so will, einen eigenen Standpunkt dar, von dem aus man das Ganze betrachten kann. Dadurch entsteht eine Art von Mehr-Deutigkeit und eine „Brechung" der bisherigen Sicht, die der Brechung des Lichtes ähnelt, das durch einen Brillanten fällt. Aus einem simplen Schwarz-Weiß-Schema wird eine bunte und facettenreiche Betrachtungsweise.

An dieser Stelle ist es von Vorteil, einen logischen Begriff einzuführen, den Gotthard Günther in seinen Arbeiten als *Rejektion* bezeichnet hat, d.h. als ein „Verwerfen". Damit wird die logische Operation bezeichnet, die aus einem zweiwertigen System herausführt. Im Beispiel des Diamonds: Wenn das (zweiwertige) System Satz/Gegen-Satz in Richtung von Pleroma und Kenoma verlassen wird. Etwa wenn die Kategorie *Verlieren-Gewinnen* verlassen wird hin zu einem Punkt *Spaß haben*. Die angebotene Wahl (Verlieren oder Gewinnen) wird damit insgesamt „verworfen". Eine solche *Rejektion* ist also deutlich etwas anderes als eine „normale" *Negation*. Die Verneinung von Verlieren ist Nicht-Verlieren, also Gewinnen. Die Verneinung von Gewinnen ist Nicht-Gewinnen, also Verlieren. Die doppelte Verneinung von Gewinnen ist Nicht-nicht-Gewinnen, und das ist dasselbe wie Gewinnen. Zwei Negationen heben sich auf. Wie man sieht, verbleibt das Spiel der Negationen immer in den beiden Ausgangsfeldern, also in dem, was wir ein „zweiwertiges System" nennen. Deshalb hat schon Hegel in seiner Philosophie vorgeschlagen, zusätzlich eine weitere, eine „zweite" Negation einzuführen, die in der Lage ist, die beiden Ausgangsfelder nicht nur zu wechseln, sondern insgesamt zu verlassen.

Die Unterscheidung von Negation und Rejektion ist nun ein wesentliches Hilfsmittel, um die *Lösung* eines Problems von seiner *Auflösung* zu unterscheiden. Lösungen sind in ihrem logischen Kern Negationen; Auflösungen sind im Kern Rejektionen.

Negation ist etwas, das man *strukturinvariant* nennen könnte. Damit ist folgendes gemeint: Durch die Verneinung einer Aussage ändert sich ihr Inhalt; und zwar genau um 180° Grad, wenn man so will. Aber die jeweilige Struktur verändert sich nicht. Am anschaulichsten wird das im psychologischen Phänomen der Gegenab-

hängigkeit. Wenn jemand bewußt im Chaos lebt, weil er die rigiden Ordnungs-
vorstellungen seiner Eltern abgelehnt hat, so dreht sich eben noch sehr viel in seinem Leben um genau diese Ordnungsprinzipien. Nicht umsonst gibt es die Re-
densart: Reife ist, wenn man etwas macht, obwohl es die Eltern geraten haben.

Als Faustregel kann man festhalten: Je mehr „anti-“ eine Anschauung ist, desto
mehr ähnelt sie strukturell der negierten Auffassung. Im Politischen läßt sich das
auch gut an (vermeintlich) stark entgegengesetzten Ausprägungen beobachten.
Etwa den extremen Linken und den extremen Rechten. Diese ähneln sich oft weit
mehr, als es ihnen (beiden) wahrscheinlich lieb ist.

Solche strukturellen Ähnlichkeiten finden sich nun auch in vielen Beispielen von
Problemlösungen wieder, insofern sie „nur“ Negationen des ursprünglichen Problems darstellen. Jemand war Raucher, jetzt ist er Nicht-Raucher. Oder jemand
pflegte in bestimmten Situationen immer aufgeregt zu sein, jetzt ist er nicht mehr
aufgeregt. In der Sprache des Diamond: Es ist ein Wechsel gelungen vom Satz zum
Gegen-Satz. Das ist zweifellos eine *Lösung!* (Und daran ist weiß Gott nichts
Schlechtes.)

Wie aber auch deutlich geworden ist, sind Satz und Gegen-Satz oft gar nicht so radikal unterschiedlich, wie es zunächst den Anschein hat. „Gewinnen im Schach“
ist strukturell immer noch auf derselben Ebene wie „Verlieren im Schach“. Oder in
einem mathematischen Bild: Die beiden Zahlen 3 und -3 sind sich sehr ähnlich.
Zwar wirkt der Wechsel von minus 3 auf plus 3 auf den ersten Blick sehr radikal.
Aber von der mehrwertigen Logik her gesehen ist eine Veränderung von 3 auf 4
viel tiefgreifender und strukturverändernder. Denn hier findet gleichsam eine *Rejektion* der Dreiheit statt und nicht nur ein Vorzeichenwechsel.

Besonders der deutsche Ausdruck „verwerfen“ weckt aber noch die Vorstellung eines sehr energischen, willentlichen Vorgangs. Etwa so, wie man einen Ball mit großer Wucht wegschleudert. Das wäre aber eher ein Bild für die Negation. Unter Rejektion hingegen versteht man psychologisch ein völlig anderes Geschehen. Deshalb wäre die psychologische Bedeutung von *Rejektion* besser mit *Absehen* wieder-
gegeben. Indem der Blick auf etwas Neues fällt, sieht man von dem Alten ab. Es
verschwindet aus dem Gesichtskreis. Starre Fixierungen lösen sich auf. Eine Negation erster Stufe („nicht verlieren“) verbleibt noch in der *Bilderwelt* des Vernein-
ten. Eine Negation zweiter Stufe („gewinnen“) verbleibt noch in der *Logik* und in
der Struktur von Gewinnen/Verlieren. Erst mit dem *Absehen* von dieser Ausgangs-

kategorie und dem Fokus auf etwas Anderem (Spaß) wird es möglich, Raum für Neues auch in struktureller Hinsicht zu eröffnen. Erst damit hören dann auch alle möglichen Abhängigkeiten und Gegenabhängigkeiten von dem ursprünglichen Problem auf.

Es gibt damit drei Arten, wie man sich zu einer Sache A verhalten kann:

Ja zu A   („Affirmation")

Nein zu A   (Negation von A)

Ja zu B   (Rejektion von A)

Wer an einen Baum (B) denkt, denkt eben nicht mehr an ein Auto (A). Insofern wäre „nicht-A" eine wahre Beschreibung des Vorganges. Allerdings nur als eine äußere Beschreibung und nicht als ein innerer Vollzug, denn das Auto wurde innerlich ja nicht negiert („kein Auto"), sondern es wurde von ihm „abgesehen". Bekanntlich ist es ja äußerst schwierig, sich *kein Auto* vorzustellen.

Diese Form des Absehens spielt in der menschlichen Psyche eine große Rolle. Ein weinendes Kind, das sich das Knie angeschlagen hat und jetzt plötzlich wieder sein Lieblingsspielzeug entdeckt, *negiert* nicht seine Schmerzen („Ist ja schon gar nicht mehr so schlimm" oder: „Lieber spielen als an das Knie denken"), sondern das Kind sieht vom schmerzenden Knie ab und wendet sich dem Ball zu. Eine solche Rejektion ist damit auch ein Vorgang, der um sich selber im Vollzug nicht weiß. Deshalb ist es auch nicht möglich, etwas bewußt zu „verwerfen". Erst die Entscheidung und der reale Vollzug, an einen Baum (B) zu denken, sieht vom Auto (A) tatsächlich ab. Wer also unbedingt von irgendeinem A loskommen möchte, der muß sich überlegen, was für ihn B sein könnte. Und erst wenn dieses B dann wirklich so viel *Attraktivität* (wörtlich!) hat, daß es in der Lage ist, den Blick von A wegzuziehen, dann gelingt auch das beabsichtigte Absehen.

Damit kommt nochmals deutlicher ins Bild, was der Unterschied zwischen einer *Lösung* und einer *Auflösung* ist. Bei einem Absehen muß das ursprüngliche System Satz/Gegen-Satz nicht vernichtet werden oder sich in Luft auflösen. Vielmehr wird es in einem guten Sinne *irrelevant*. Es verliert seine zentrale Bedeutung für die betreffende Person. C.G. Jung hat einmal davon gesprochen, daß seiner Erfahrung nach die existentiellen Probleme im Leben nicht eigentlich „gelöst" werden. Vielmehr verglich er die Situation einmal mit einem tropischen Urwald. Darin stellen die Probleme Bauwerke dar, die man zunächst zu beseitigen trachtet. Aber das geschieht in der Mehrzahl der Fälle eben nicht dadurch, daß man sie Stein für Stein abträgt, solange bis sie verschwunden sind. (Das wäre ein Weg der Negationen und der bewußten „Aufarbeitung".) Vielmehr ist es so, daß die blühende Vegetation des Urwaldes das Gebäude nach und nach überwuchert und „zuwächst". Das geht so weit, daß man am Schluß die Steine nicht mehr erkennen kann. Damit ist das Gebäude zwar noch da, aber gleichzeitig auch nicht mehr da. In unserer Diktion: Das Problem hat sich *aufgelöst*, ohne daß es *gelöst* worden wäre.

Reine Negationsansätze versuchen, ein Problem möglichst vollständig zu eliminieren, es auszulöschen. In diesem Versuch konservieren sie aber gerade viel von dem, was sie eigentlich beseitigen wollten. Und je mehr Kraft (Gewalt) dafür eingesetzt wird, um so kontraproduktiver wird es in der Mehrzahl der Fälle. In Kombinationsmodellen aus Negation und Rejektion muß man überhaupt nichts „vernichten", sondern der Blick geht vornehmlich auf das Neue. Dadurch *verschwinden* aber die Probleme auf eine Art und Weise, wie es bei reinen Negationen nie der Fall sein könnte.

Der Diamond ermöglicht Problemauflösungen, indem er alle drei logischen Momente von Affirmation, Negation und Rejektion miteinander verbindet und gemeinsam „ins Spiel" bringt. Und erst dieses Zusammenspiel ist eines der Geheimnisse des Erfolges.

Wenn wir es nur mit Negationen zu tun haben, ist die Reichweite des Erfolges beschränkt. Für die Negation 1 ist das offensichtlich. *Keine* Streichholzschachtel ist als inneres Bild *eine* Streichholzschachtel, das dann vielleicht durchgestrichen oder dunkler gemacht wird, um das „nicht" zu markieren. Auch wenn dieser psychologische Effekt für eine Negation zweiter Stufe nicht mehr gilt, so handelt es sich dennoch um eine Negation. Diese haben die Eigenschaft, wie wir schon gesehen haben, daß sich zwei Negationen gegenseitig aufheben. Als Schema läßt sich das so darstellen:

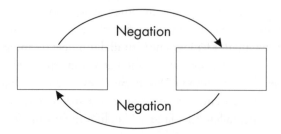

Das entspricht dem Modell von Satz und Gegen-Satz. Die Negation stellt den Übergang von einem Bereich zum anderen dar. Nach zwei Übergängen ist man wieder in demselben Kästchen. Der Gegen-Gegen-Satz ist wieder der Satz. Lösungen können somit als Negationen beschrieben werden. Für unser kleines Beispiel des Schachspielers heißt das: Vorher war er in dem Feld *Verlieren*, er unternimmt eine Veränderung seines „Ortes", d.h. eine Problemlösung, die auf einer Negation aufbaut und anschließend findet er sich in dem Feld *Gewinnen* wieder. Jemand hatte ein Problem, jetzt hat er die Lösung. Daß es sich logisch gesehen um Negationen handelt, wird daran ersichtlich, daß viele Klienten gerade nach einer *erfolgreichen* Intervention besorgt nachfragen, ob diese Veränderung nun auch anhalten wird. Sie befürchten einen Rückfall.

Nehmen wir an, durch die Schnelle-Phobie-Technik des NLP sei eine bislang vorhandene Höhenangst wie weggeblasen. Der Klient erinnert sich an die früher so beängstigenden Situationen, z.B. auf einem Aussichtsturm zu stehen, aber es läßt ihn nunmehr kalt. Er stellt sich möglichst realistisch zukünftige kritische Situationen vor – wieder nichts. Schließlich begibt er sich vielleicht in das oberste Stockwerke eines Hochhauses, geht auf den Balkon und blickt hinunter – nichts. Aber: *Wird das halten?*

Es kann sein, daß es eine Reihe solcher positiven Erfahrungen braucht, um die Befürchtung eines „Rückfalls" mit der Zeit zu zerstreuen. Trotzdem entsprechen diese Befürchtungen genau der logischen Struktur, denn Negationen sind umkehrbar. Zwar wird über entsprechende Verbotsschilder versucht, aus dem zurückgelegten Veränderungsweg eine Einbahnstraße zu machen. Aber irgendwo im Inneren weiß man doch, daß man nur den Rückwärtsgang einzulegen bräuchte, um wieder zum Ausgangspunkt zu kommen. Das Gewinnen im Schach „weiß" also noch um das Verlieren, und die neu gewonnene Angstfreiheit „kennt" noch die in ihm negierte Höhenangst.

Bei *Auflösungen* hingegen, wie sie sich durch die Diamond-Technik ergeben, taucht die Befürchtung eines Rückfalls so gut wie nie auf. Und auch hier trügt das Gefühl der Klienten nicht. Der logische Grund dafür liegt darin, daß die Veränderungen, wie sie über die Diamonds hervorgebracht werden, nicht nur (umkehrbare) *Negationen* beinhalten, sondern durch die *Rejektionen* eine Vergrößerung der zugänglichen Felder und ein Zugewinn an *Erkenntnis* darstellen. Wohin sollte man hier auch „zurückfallen"? Es fand schließlich nicht nur ein einfacher Ortswechsel wie bei einer Negation statt. Vielmehr wurden Einsichten gewonnen, die nicht mehr ungeschehen gemacht werden können.

Ein Stück Blech besitzt eine gewisse natürliche Flexibilität. Biegt man es leicht, kehrt es zu seiner ursprünglichen Gestalt zurück. Geht diese Beugung jedoch über einen gewissen Punkt hinaus, bekommt das Blech einen Knick. Diese Veränderung der Struktur läßt sich nicht mehr ungeschehen machen. Alle Versuche, es zurückzubiegen oder glatt zu hämmern, helfen nichts mehr. Selbst ein erneutes Walzen des Bleches kann den ursprünglichen Zustand nicht wieder herstellen. Etwas Vergleichbares passiert, wenn Menschen eine Erkenntnis machen. Auch hier gibt es sozusagen kein Zurück mehr.

Aus einer einfach gestrickten Landkarte, die im Extremfall nur über zwei Felder verfügt, wird durch die Fragetechnik des Diamonds ein komplexes Netzwerk von vielschichtigen Verbindungen. Das ist ein Typus von Veränderungsarbeit, der auf einer ganz anderen Ebene liegt als übliche Interventionen. Das läßt sich vielleicht auf folgende Weise illustrieren: Problem*lösung* ist wie ein Zug in einem Schachspiel, in dem es nur zwei Felder gibt:

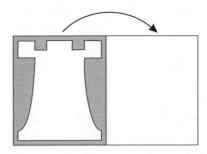

Der Turm wechselt von dem schwarzen Feld auf das weiße Feld. (Hätten wir als Spielfigur nur einen Läufer oder einen Springer, würden wir uns auf einem solch kleinen Spielfeld in einem *stuck state*, also in einem Zustand der Bewegungsunfähigkeit befinden.) Mit dem Diamond werden nun nicht (nur) neue Spielzüge entdeckt, sondern das Spielfeld als solches wird vergrößert und erweitert. Dadurch entsteht „Spielraum" im wahrsten Sinne des Wortes:

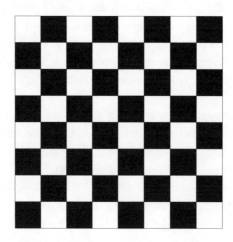

Vielleicht zieht der Turm jetzt auf das angrenzende weiße Feld wie oben in der Negation. Oder er zieht auf ein ganz anderes Feld. Vielleicht ist es ja aber auch für die Gesamtstrategie günstig, wenn er einstweilen auf seinem schwarzen Feld stehen bleibt. Kurzum, was durch diese Erweiterung geschaffen wird, läßt sich mit einem Wort zum Ausdruck bringen: *Freiheit!*

Auch wird erst in einem Spiel mit vier Feldern deutlich, daß es einen Unterschied zwischen einem Turm und einer Dame oder einem König gibt. (Und erst bei sechs Feldern würde der Unterschied zwischen letzteren beiden zutage treten.) Es gibt also, um in dieser Metapher zu sprechen, Veränderungen auf drei Ebenen:

1. Man kann Züge ausführen, um von einem „schlechten" Feld auf ein besseres zu gelangen.

2. Man kann neue Spielfiguren mit neuen Zugmöglichkeiten ins Spiel bringen.

3. Man kann das Spielfeld selber erweitern.

Das erste stellt eine klassische *Lösung* dar, das zweite ist eine *kreative Lösung* (zweiter Ordnung) und das dritte eine *Auflösung*.

Der Diamond und andere Techniken

Vielleicht werden einigen Leserinnen und Lesern bei der Beschreibung der Diamond-Technik gewisse Ähnlichkeiten zu anderen Methoden aufgefallen sein. Hier ist es interessant zu fragen: Was hat der Diamond-Ansatz mit diesen oder jenen Techniken gemeinsam? Wo liegen die spezifischen Unterschiede? Drei solche Formen wollen wir uns einmal exemplarisch ansehen: der *Kontrastierende Fragerahmen*, das *Tetralemma* und das *Verhandeln zwischen den Teilen*.

Kontrastiver Fragerahmen

Statt *Kontrastiver Fragerahmen* findet sich auch häufig die Bezeichnung „*Cartesianische Logik*". Der Ausdruck „cartesianisch" bezieht sich hier lediglich auf die Gestalt des Koordinatensystems, das Descartes in die Mathematik eingeführt hat, und das graphisch die Grundlage des Fragerahmens bildet. Es handelt sich aber nicht um eine spezielle Logik, die von Descartes begründet wäre. Insofern sollte man diesen Ausdruck besser vermeiden, da sonst leicht der Eindruck entsteht, es würde sich hier um eine besondere Art der Logik handeln. Der *Kontrastive Fragerahmen* fußt auf der ganz klassischen zweiwertigen aristotelischen Logik mit den beiden Werten *wahr* und *falsch*.

Wenn man eine Aussagenverknüpfung von zwei Aussagen hat, z.B. „Wenn du mich liebst, dann bist du mir treu", dann gibt es drei Komponenten:

- Die erste Aussage „Du liebst mich" – wir nennen sie p
- Die zweite Aussage „Du bist mir treu" – wir nennen sie q
- Die Wenn-dann-Beziehung (*Implikation*) – *wir stellen sie mit einem Pfeil dar:* $\Rightarrow$

Aus dem Satz „Wenn du mich liebst, dann bist du mir treu" wird somit in abgekürzter Schreibweise:

$$p \Rightarrow q \quad \text{(lies: wenn p, dann q)}$$

Diese Verknüpfung läßt sich nun auf verschiedene Weise negieren (N steht für Negation):

$Np \Rightarrow q$ Wenn du mich nicht liebst, dann bist du mir nicht
                treu.

Oder:

$p \Rightarrow Nq$ Wenn du mich liebst, dann bist du mir nicht un-
                treu.

Oder:

$Np \Rightarrow Nq$ Wenn du mich nicht liebst, dann bist du mir auch
                nicht treu.

Oder:

$N(p \Rightarrow q)$ Es stimmt nicht, daß wenn du mich liebst, du mir
                auch treu sein mußt.

Zusätzlich können noch doppelte Negationen eingeführt werden. Diese sind etwas umständlich umgangssprachlich auszudrücken. Daher haben wir hier zusätzlich ihre logischen Äquivalente aufgeschrieben, die sprachlich leichter zu formulie-
ren sind.

$N(p \Rightarrow Nq)$ $\Leftrightarrow p \, \& \, q$ Du liebst mich und du bist mir treu.

$N(Np \Rightarrow q)$ $\Leftrightarrow N(p \lor q)$ Es ist nicht wahr, daß du mich entwe-
                    der liebst oder treu bist.

$N(Np \Rightarrow Nq)$ $\Leftrightarrow N(q \Rightarrow p)$ Es ist nicht wahr, daß dein Treu-sein
                    bedeutet, daß du mich liebst.

Wenn jetzt die Grundformen der Negation in ein Kreuz eingetragen werden, dann
entsteht folgendes Bild:

$Np \Rightarrow Nq$	$Np \Rightarrow q$
$p \Rightarrow N$	$N(p \Rightarrow q)$

Dies ist der Grund für die Benennung als Cartesianische Logik.

Diese Negationen sind der Kern des Fragerahmens. Sie erlauben den Blick auf die nicht berücksichtigten Fälle und auf logische Ungereimtheiten. Denn es kann z.B. sein, daß der andere *nicht* liebt, und dennoch treu ist, oder daß der andere zwar liebt, aber *nicht* treu ist usw. Das macht den Fragerahmen für das Coaching oder die Therapie so spannend. Ein Klient wird unter einer solchen Annahme aus einem Fall von Untreue auf fehlende Liebe schließen, oder bei vorhandener Treue auf Liebe. Beides könnte aber ein Irrtum sein. Das wollen wir noch an zwei weiteren Beispielen näher betrachten: Jemand sagt: „Sie hat mich angelächelt, das zeigt mir, daß sie mich liebt."

Auf dem Hintergrund des Negationsschemas könnte man dann z.B. folgende vier Fragen stellen:

▶ *Könnte es auch sein, daß jemand nicht lächelt und trotzdem liebt?*
▶ *Heißt das, wenn jemand nicht lächelt, bedeutet das automatisch, daß er auch nicht liebt?*
▶ *Hast du es schon mal erlebt, daß jemand lächelt, obwohl er nicht liebt?*
▶ *Könnte es sein, daß es zwischen Lächeln und Lieben gar keinen zwingenden Zusammenhang gibt?*

Diese vier Fragen können statt auf die *Bedeutung* auch auf *Konsequenz* gerichtet sein, wie in unserem nächsten Beispiel: Hier behauptet jemand, daß er nicht von zu Hause ausziehen könne, weil der Vater krank sei. Er unterstellt damit einen kausalen Zusammenhang. Um diesen zu hinterfragen, eignen sich die folgenden Fragen:

▶ *Was hätte es deiner Meinung nach für Konsequenzen, wenn dein Vater krank ist und du trotzdem ausziehst?*
▶ *Was hätte es für Konsequenzen, wenn du nicht ausziehen würdest, obwohl der Vater nicht mehr krank ist?*
▶ *Was hätte es für Konsequenzen, wenn dein Vater nicht mehr krank ist und du ausziehst?*
▶ *Was hätte es deiner Meinung nach für Konsequenzen, wenn du dein Ausziehen bzw. Nicht-Ausziehen nicht von der Krankheit deines Vaters abhängig machen würdest?*

Diese kleinen Beispiele haben hoffentlich einen guten ersten Eindruck vermittelt, wie der kontrastierende Fragerahmen „funktioniert" und in welchen Zusammenhängen er sinnvoll angewendet werden kann. Es geht, allgemein gesprochen, darum, dem Klienten zu helfen, die logische Stringenz seiner Behauptung zu untersuchen. Dies ist besonders bei limitierenden Glaubenssätzen von großem Nutzen. Erkennt der Klient, daß die logischen Folgerungen aus seinen Annahmen unhaltbar sind, dann wird es ihm leichter fallen, die einengenden Glaubenssätze aufzugeben.

Verglichen mit der Diamond-Technik ergeben sich nun folgende Unterschiede:
1. Der Gegen-Satz in der Diamond-Technik ist nicht einfach nur die formale Negation des Satzes. Also *nicht* Np!
2. Das Sowohl-als-auch ist *nicht* einfach p ∧ q [lies: p und q]. Vielmehr geht es im Diamond um eine neue Qualität des Pleromas.
3. Auch die Kenoma-Position Weder-Noch ist *nicht* identisch mit Np ∧ Nq [lies: nicht-p und nicht-q] oder mit N(p ∧ q) [lies: nicht: p und q]. Beim Diamond geht es auch hier wieder um eine eigenständige Qualität, die weder der Satz noch der Gegen-Satz darstellen.

Zusammenfassend kann man festhalten: Es handelt sich um zwei ganz unterschiedliche Ansätze, die nur durch eine äußerliche Ähnlichkeit von jeweils vier Grundpositionen eine größere innere Nähe suggerieren. Beide Methoden haben jedoch sehr wenig miteinander zu tun.

Tetralemma

Das Tetralemma-Konzept wurde von Matthias Varga von Kibéd entwickelt. Es wird von ihm in Verbindung mit dem Aufstellungskonzept von Bert Hellinger unterrichtet. Wir beschränken uns hier auf die ursprüngliche Form des Tetralemma, wo der Ausgangspunkt ein *Dilemma* ist. (Die Methode wird mittlerweile mit ganz unterschiedlichem Aufbau und Ablauf bei den unterschiedlichsten Themenfeldern angewendet.) Problemstellung ist also eine Situation, in der ein Klient sich zwischen zwei Dingen nicht entscheiden kann. Diese werden *das Eine* und *das Andere* genannt. Es könnte sich z.B. um eine Kaufentscheidung handeln, wo sich jemand nicht zwischen zwei Autos entscheiden kann. Klarerweise wäre hier das Eine das eine Auto und das Andere das andere Auto. Eine dritte zusätzliche Position stellt *Beides* dar, also ähnlich wie im Diamond das Sowohl-als-auch und eine vierte Position steht für *Keines-von-beiden*.

Anders als im Diamond gibt es jetzt aber noch ein *fünftes* Element. Dieses ist frei beweglich und wird auch manchmal als der „Joker" bezeichnet. Es soll inhaltlich mit keiner der vier Grundpositionen identisch sein und hat auch keinen festgelegten Ort. Es steht gewissermaßen für die Negation bzw. das nochmalige Überschreiten des Ganzen: „Auch das ist es nicht!" Die *sechste* Position, der Fokus, ist die Klientin oder der Klient selber.

Die verschiedenen Positionen werden *aufgestellt*, d.h. über unterschiedliche Personen, die jeweils eine Position vertreten, wird ein räumlicher Bezug, eine Struktur der verschiedenen Aspekte hergestellt. Da die Positionen hier nicht, wie beim Diamond, vom Klienten selbst eingenommen werden, muß also für jede Position eine Person ausgewählt werden. Daher fragt der Therapeut zu Beginn nach dem Geschlecht für die jeweilige Position. Ist das Eine, das Andere, Beides, Keines und das Fünfte (eher) männlich oder (eher) weiblich?

Die Klientin oder der Klient stellt dann diese Stellvertreter ähnlich wie bei einer Familien- oder Organisationsaufstellung nach dem inneren Bild. Das fünfte Element wird in die Aufstellung gebracht, sucht sich dann aber seinen Ort selbst.

Nach dieser Positionierung werden die Stellvertreter nach ihrer Befindlichkeit und ihren Gefühlen befragt. Danach beginnt der Therapeut die Positionen umzustellen bzw. neu zu ordnen, wobei er häufig das Feedback, d.h. die Befindlichkeit der Stellvertreter einholt: Wie geht es dir, wenn du jetzt hier stehst? Wie geht es dir, wenn du dort/vor dir/neben dir/hinter dir usw. das Eine/das Andere usw. wahrnimmst?

Dadurch werden in der Regel verschiedene Konflikte und Problemstellungen sichtbar und es zeigt sich, daß die Repräsentanten häufig Personen oder Situationen aus der Herkunftsfamilie bzw. aus dem Gegenwartssystem des Klienten darstellen. Ähnlich wie bei einer Familienaufstellung wird der Klient bei entscheidenden Schritten bzw. zum Schluß in die Aufstellung hineingeholt und gegen seinen Stellvertreter ausgetauscht. Das fünfte Element kann während des gesamten Prozesses intervenieren, wann immer es will.

Welche Ähnlichkeiten und Unterschiede gibt es nun zur Diamond-Technik?

1. Die Ausgangssituation ist beim Tetralemma ein Dilemma. Im Diamond kann der Ausgangspunkt ein Dilemma, ein allgemeines Problem, ein Wert, ein Glaubenssatz usw. sein.

2. Die vier Grundpositionen werden sehr ähnlich wie bei der Diamond-Technik bestimmt. Allerdings stellt das Tetralemma eine in sich abgeschlossene Struktur dar, während der Diamond nach allen Seiten offen ist.

3. Der Fokus ist beim Diamond nicht notwendig, da er immer da ist, wo sich der Klient gerade befindet.

4. Das fünfte Element fehlt im Diamond völlig. (Seine Funktion übernimmt die Diamond-Struktur.)

5. Alle Positionen im Tetralemma sind eindeutig, im Diamond sind sie jedoch überdeterminiert. (Eine Position bedeutet Unterschiedliches in unterschiedlichen Diamonds.)

6. Die Möglichkeit, für die verschiedenen Positionen reale Personen aufzustellen gibt es auch beim Diamond. Wir haben dies mehrfach getestet, und es hat sich manchmal als förderlich und manchmal als eher verwirrend erwiesen. Es fehlen aber noch ausreichende Erfahrungen, um schon Kriterien angeben zu können, wann das eine und wann das andere sinnvoll ist.

7. Dadurch, daß beim Tetralemma die Personen auch eine spezielle räumliche Position zueinander haben, kommen noch zusätzliche Impulse und Informationen in die Aufstellung, die bei der regelmäßigen Diamond-Struktur nicht auftreten.

8. Der Übergang vom „offiziellen" Thema zu dahinterliegenden Problemfeldern und Dynamiken ist bei beiden Methoden möglich.

Verhandeln zwischen den Teilen

Kommen wir zu der zweiten Methode, die wir vergleichend neben den Diamond stellen wollen: Das *Verhandeln zwischen den Teilen*, das wir kurz mit VZT abkürzen wollen.

Dieses VZT ist eine NLP-Technik, die ähnlich wie das Tetralemma zwei entgegengesetzte Motive zum Ausgangspunkt nimmt. „Es schlagen zwei Herzen, ach, in meiner Brust." Wohl jeder von uns kennt die Situation, die Goethe mit diesem bekannten Satz charakterisierte. Wie oft haben wir uns schon etwas vorgenommen (z.B. die Steuererklärung zu machen, zum Sport zu gehen usw.) und haben es dann doch nicht gemacht? Unsere bewußte Absicht ist in solchen Situationen nicht behindert, weil uns etwas Äußeres einschränkt, sondern weil die inneren Absichten sich selber behindern. Wir sagen in solchen Situationen vielleicht sogar zu uns selbst: „Ich sollte dies oder das wollen!"

Der erste große abendländische Philosoph des Willens, Augustinus, wußte in seinen Bekenntnissen ein Lied davon zu singen. Für ihn blieb das Rätsel letztlich ungelöst, wie wir Menschen es anstellen, etwas (eigentlich) zu wollen und es doch nicht zu wollen. Wo kommt nur dieser Gegenwille her? *Wer* will das eine, *wer* das andere?

Diese logische Schwierigkeiten sind in der Tat unüberwindlich, wenn man wie Augustinus von einer punktuellen Einheit des Ichs ausgeht. Im NLP, wie in vielen modernen Ansätzen der Psychotherapie, wird statt dessen über das Teile-Modell eine Vielzahl von Willenszentren angenommen. Diese haben ihre eigenen Absichten und Motive. Zusätzlich wird über die Unterscheidung bewußt/unbewußt eine zweite Differenz eingeführt, die verständlich macht, warum uns der Gegenwille in seinen Motiven und Absichten oft nicht bewußt ist und erst in seinen Auswirkungen bemerkbar wird. Wir stellen am Abend fest, daß wir die Steuererklärung wieder nicht gemacht haben, obwohl wir es uns doch so fest vorgenommen hatten. Oder wir sind fest entschlossen, endlich mehr Sport zu treiben, machen es aber nicht.

Wir haben also „zwei Seelen" in uns, Wille und Gegenwille bzw. die Absicht des einen *Teils* und die Absicht des anderen *Teils*, die auf der Ebene des Verhaltens gegensätzlich und unvereinbar sind. Vielleicht möchte der eine Teil etwas für die gute Figur und die Kondition tun und darum Sport treiben. Der andere Teil ist eher an Entspannung und Ausruhen interessiert und möchte daher lieber die Beine hoch legen. Beides gleichzeitig zu tun, geht nicht.

Die Lösung eines solchen Konflikts besteht nun im NLP darin, die verschiedenen Teile danach zu fragen, was ihre positive Absicht ist, die sie mit dem jeweiligen Verhalten anstreben. Anschließend fragt man vielleicht, was die positive Absicht

dieser positiven Absicht ist usw. Das tut man solange, bis sich eine Übereinstim-
mung zwischen den beiden Teilen ergibt. Beispiel:

Wofür ist es gut, daß du eine gute Kondition bekommst?

Dann fühle ich mich besser.

Und wofür ist es gut, dich auszuruhen und die Beine hoch zu legen?

Dann fühle ich mich besser.

Dadurch, daß man nach einem übergeordneten höheren Zweck fragt, wird dieser
automatisch immer allgemeiner und abstrakter. Wenn man dies mit zwei unterschiedlichen Absichten macht, entsteht nach einigen Schritten so etwas wie eine
gemeinsam übergeordnete positive Absicht. Dieses Vorgehen ist analog zur Fragetechnik beim *Core-Outcome.*

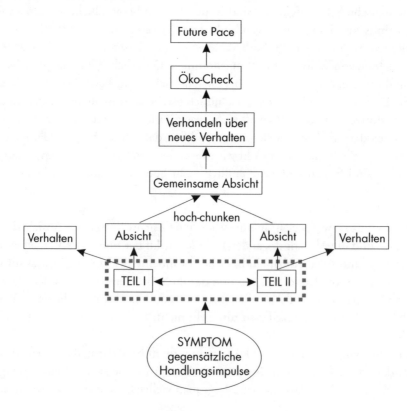

Dadurch erreichen wir einen dritten Punkt, gewissermaßen einen Sowohl-als-auch-Punkt. Dieses Dritte wird hier aber nicht als eine dritte, eigenständige Qualität verstanden, sondern es ist lediglich der Oberbegriff, zu dem es verschiedene Unterbegriffe gibt. Die beiden Teile wollen, so wird suggeriert, im Grunde *dasselbe*. Beide wollen sie das gleiche übergeordnete Ziel erreichen (Sich-gut-Fühlen), lediglich auf verschiedene Weise. Ist den beiden Teilen dies erst einmal bewußt, dann entsteht gegenseitige Akzeptanz und die Bereitschaft, nach neuen Möglichkeiten der Zusammenarbeit Ausschau zu halten. Das alte Gegeneinander wird durch ein neues Miteinander ersetzt.

Wir wollen das wieder mit dem Diamond-Ansatz vergleichen. Was sind die Ähnlichkeiten und die genauen Unterschiede zwischen dem VZT und der Diamond-Technik?

1. Beim VZT gibt es nur drei Punkte, der Weder-noch-Punkt fehlt.

2. Der Sowohl-als-auch-Punkt entsteht beim VZT ausschließlich durch Abstraktion („hoch-chunken"). Dies kann, muß aber nicht der Fall sein beim Diamond. Der Diamond setzt damit nicht nur auf das alleinige Prinzip der Hierarchisierung.

3. VZT ist speziell für einen Konflikt zwischen entgegengesetzten Handlungsmotiven entwickelt. Es ähnelt daher mehr dem Tetralemma als dem Diamond.

4. Beim VZT wird der Konflikt auf Teile, also auf virtuelle innere „Personen" übertragen, mit denen man reden kann, die man fragen kann usw. Beim Diamond geht der Klient in die verschiedenen Position: „Ich als ..."

In beiden Methoden, dem *Tetralemma* und dem *Verhandeln zwischen den Teilen*, lassen sich also wichtige Gemeinsamkeiten, aber jeweils auch wichtige Unterschiede zur Diamond-Technik feststellen. Wir sind überzeugt: Erst wenn man diese Konturen sehr klar im Blick hat, kann man erfolgreich daran gehen, verschiedene Methoden sehr bewußt einzusetzen. Man weiß dann, bei welcher Ausgangslage welche Methode sinnvoll(er) und erfolgversprechend(er) ist. Es lassen sich während einer Arbeit an einem Problem schließlich auch verschiedene Methoden abwechseln oder kombinieren.

Die Diamond-Struktur ist so offen, daß man jederzeit auf andere therapeutische oder beratende Elemente zurückgreifen kann, wenn man den Eindruck hat, das ist jetzt angezeigt. Vielleicht schaltet man eine NLP-Technik ein oder eine systemische Aufstellungseinheit. Vielleicht wechselt man ins Tetralemma oder nimmt psychodramatische Elemente auf. Was auch immer. Wichtig ist vor allem, daß dies nicht beliebig oder willkürlich geschieht, sondern jeweils bewußt und verantwortet.

Die Diamond-Technik und NLP

Was läßt sich zu dem Verhältnis von Diamond-Technik zum Neurolinguistischen Programmieren sagen? Zunächst einmal zeigt sich, daß es eine ganz starke Kombination darstellt, beides miteinander zu verbinden. Zusammen sind sie ein *winning team*. Schließlich ist es eines der Erfolgsgeheimnisses des NLP, daß es sehr häufig von konkreten Inhalten absieht und sich auf die strukturellen Aspekte eines Problems konzentriert. Dadurch ist es auch hoch anschlußfähig an andere Theoriemodelle und an andere Methoden. Etwas Ähnliches gilt auch für die Diamond-Technik. Sie läßt sich ohne Schwierigkeiten mit NLP oder mit anderen Arten der Veränderungsarbeit kombinieren.

Einzelne Fragen oder ganze Passagen lassen sich mit den Techniken des NLP kombinieren. Es hindert einen ja nichts, z.B. die Frage nach dem Pleroma standardmäßig in ein Gespräch über die Zielbestimmung einzubauen. Oder man ermittelt den Preis und die Ökologie einer Veränderung durch gezielte Fragen nach den Ermöglichungen und Verhinderungen, und zwar sowohl von dem Problem als auch von der angestrebten Lösung.

Und manchmal ergeben sich innerhalb einer Diamond-Arbeit Situationen, wo es günstig ist, NLP-Elemente einzubauen. Etwa ein *Reimprint* zu machen (Heilung einer traumatischen Situation aus der Vergangenheit) oder einen *Ankerausgleich* durchzuführen, um Ressourcen in einen bislang ressourcearmen Bereich zu bringen. Dadurch kann die Wirkmächtigkeit der Diamond-Technik in manchen Fällen oft noch deutlich gesteigert werden.

Betrachtet man die Diamond-Technik vom Standpunkt des NLP aus, so reiht sie sich in die Sammlung anderer NLP-Methoden ein. Sie kann angewendet werden wie etwa die Schnelle Phobie-Technik oder die Core Transformation. Sie ist ähnlich einfach im Ablauf und ähnlich elegant in der Anwendung. So gesehen wären die Diamond-Fragen einfach eine neue NLP-Technik. Ein Tool mehr in der Tool-Box.

Die Diamond-Technik geht aber noch darüber hinaus. Sie kann nicht nur selber als eine neue NLP-Technik angesehen werden (wenn man das möchte), sondern sie ist auch in der Lage, einen wichtigen Beitrag für die Weiterentwicklung des NLP insgesamt zu leisten. Als eine Erweiterung der Lösungsorientierung hin zu einer *Auf*lösungsorientierung. Als ein Verlassen klassischer Verfahren hin zu trans-klassischen Möglichkeiten der Veränderungsarbeit.

Das geht natürlich Hand in Hand mit den diversen Entwicklungsmöglichkeiten der Diamond-Technik selber. In welche Richtungen diese gehen könnten, soll deshalb an einigen Aspekten verdeutlicht werden. Zunächst einmal kann der Diamond aufgrund seiner formalen Struktur auch auf Interaktionen zwischen mehreren Personen ausgedehnt werden. Wir wollen das einmal für den Fall von zwei Personen demonstrieren, wobei wir die folgenden Fragen der zweiten Frage-Ebene in ihrer sehr „spröden" verbalen Struktur belassen haben, um die zugrundeliegende Logik deutlicher zum Vorschein kommen zu lassen. Für die Praxis müssen sie selbstverständlich in den jeweiligen Kontext hinein „übersetzt" und adaptiert werden.

▶ *Was ermöglicht es dir, was es mir mit ermöglicht?*
▶ *Was ermöglicht es dir, was es mir verhindert?*
▶ *Was verhindert es dir, was es mir ermöglicht?*
▶ *Was verhindert es dir, was es mir mit verhindert?*

▶ *Was ermöglicht es mir, was es dir mit ermöglicht?*
▶ *Was ermöglicht es mir, was es dir verhindert?*
▶ *Was verhindert es mir, was es dir ermöglicht?*
▶ *Was verhindert es mir, was es dir mit verhindert?*

▶ *Was möchtest du von mir, was es mir ermöglicht, was es auch dir ermöglicht?*
▶ *Ich wünsche mir von dir, daß du mir ermöglichst, was dir mit ermöglicht, daß X.*
▶ *Ich wünsche mir von dir, daß du mir ermöglichst, was dir verhindert, daß X.*

- *Ich wünsche mir von dir, daß du mir ent-möglichst, was dir ermöglicht, daß X.*
- *Ich wünsche mir von dir, daß du mir ent-möglichst, was dir mit verhindert, daß X.*
- *Wenn dein Wunsch in Erfüllung geht, was ermöglicht er dir, was er mir ermöglicht?*
- *Wenn dein Wunsch in Erfüllung geht, was ermöglicht er dir, was er mir verhindert?*
- *Wenn dein Wunsch in Erfüllung geht, was verhindert er dir, was er mir ermöglicht?*
- *Wenn dein Wunsch in Erfüllung geht, was verhindert er dir, was er mir verhindert?*
- *etc.*

Es sei noch einmal darauf hingewiesen, daß diese Fragen nur in einem sehr eingeschränkten Maße wörtlich so gestellt werden können. Zumindest, wenn das Ziel der Fragestellung über eine bewußte Verwirrung hinausgehen soll und auf wirkliche Antworten zielt. Entscheidend ist jedoch, daß der Fragende, also der Berater, Coach oder Therapeut um die *Logik* seiner Fragen weiß und über ein Schema verfügt, die gewonnenen Ergebnisse zu einem sinnvollen Gesamtbild zusammenzustellen. Hierfür bietet sich das Schema der Diamonds an. Mit seiner Hilfe können auch noch relativ komplexe Beziehungen in einfacher Weise abgebildet und damit bearbeitbar gemacht werden. Dadurch können Techniken und Interventionen entwickelt werden, die in völlig neue Bereiche von Veränderungsarbeit vordringen.

Bislang stellte sich die Diamond-Technik vor allem so dar, daß sie die für ein Problem und eine Lösung relevanten Parameter aus den engen logischen Schubläden herausholte und sie über die klare Struktur der Diamond-Landkarte verteilte. Das ist aber gleichsam nur die eine Seite der Medaille. Denn dabei wird meist immer noch so getan, als ob das ICH, das ein Problem hat, eine Lösung sucht und eine Lösung findet, ein singulärer Punkt wäre.

ICH

Das entspricht ganz dem klassischen westlichen Denken. In der abendländischen Logik gilt als Gesetz die Identität: Apfel = Apfel, Baum = Baum, ICH = ICH. Ein solches Modell wird aber allein schon der Rollenvielfalt nicht mehr gerecht, in der wir uns im täglichen Leben befinden. Man ist ja z.B. Partnerin, Freund, Verwandte, Nachbar, Vereinsmitglied, Kollegin, Vorgesetzte, Kunde usw.

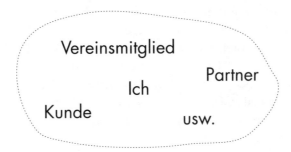

Vereinsmitglied
Partner
Ich
Kunde
usw.

Außerdem hat es sich als sehr praktikabel und nützlich erwiesen – zumindest als eine Metapher – von verschiedenen *Teilen* der Persönlichkeit auszugehen und mit ihnen dann einzeln oder im Verbund zu arbeiten. Im NLP etwa das *Six-Step-Reframing*, wo man unter anderem mit dem *kreativen Teil* arbeitet, der für die neuen Ideen zuständig ist. Es wird dabei so getan, als ob die Kreativität in uns eine eigene abgegrenzte Gestalt und sogar eine eigene Persönlichkeit hätte. Es hat sich eben als stärker erwiesen, nicht zu fragen: „Fällt DIR etwas dazu ein?", sondern: „Vielleicht fällt dem kreativen Teil in dir jetzt eine gute Idee dazu ein..."

Durch die einfache Struktur des Diamond lassen sich nun auch diese komplexen Dimensionen der eigenen Persönlichkeit in ihrer Buntheit und Verwobenheit sichtbar machen und auch bearbeiten. Es wird dann viel klarer, wie sich die einzelnen Rollen oder Teile zueinander verhalten und wie sie zusammenwirken. Damit wird eine neue Fragerichtung eröffnet. Jetzt kann nämlich danach gefragt werden, *als wer* man ein Problem hat. Oder *als wer* man eine Lösung anstrebt oder *als wer* man über Ressourcen verfügt oder *als wer* man bislang noch über keine verfügte: Ich als Kollege, Ich als Vorgesetzte, Ich als Managerin, Ich als Mitarbeiter, Ich als Theoretiker, Ich als Praktikerin, Ich als Bekannte, Ich als Freund, Ich als jemand, der feige ist, ich als jemand, der Mut hat, Ich als jemand, der kreativ ist usw.

Was also bislang ein einziger Ich-Punkt war, von dem man nur sagen konnte, daß er mit sich identisch ist (ICH = ICH), wird nun zu einer bunten Persönlichkeitslandkarte. Und wie auch in der normalen Diamond-Landkarte, die man zu einem Problemraum erstellt, ist auch eine solche Persönlichkeitslandkarte in der Lage, widersprüchliche und paradoxe Momente aufzunehmen. Ich als Entschlossener möchte das, aber Ich als ein unentschlossener Mensch traue mich nicht, aber Ich als ein mutiger Mensch gehe es trotzdem an. Alle diese Aspekte von mir kann es ja offensichtlich gleichzeitig geben.

Diese Verteilung der inneren Aspekte knüpft auch an ein Motiv an, das man im NLP als *interne Referenz* bezeichnet. Hierbei geht es um die Frage, anhand welcher Bezugspunkte und Kriterien eine Sache bewertet wird. Dabei ist besonders zu beachten, ob die Maßstäbe der Beurteilung außerhalb oder innerhalb der Person liegen. Sagt etwa jemand von einem Kinofilm, daß er gut sei, weil er ihm persönlich gefallen hat oder weil andere ihn als gut einstuften? Letzeres wird als *externe Referenz* bezeichnet, im Gegensatz zu einer *internen Referenz*, bei der man selber der Maßstab ist.

Ein häufig zu beobachtendes Ergebnis einer Diamond-Arbeit ist nun der Wechsel von einer externen zu einer internen Referenz. War also bislang das Urteil von anderen ausschlaggebend bei der Bewertung eines Problems und bei der Formulierung einer entsprechenden Lösung, so wird durch die Diamond-Fragen der Fokus sehr viel stärker auf die eigene Meinung und die persönliche Entscheidung gerichtet. Das Wechselspiel von Ermöglichungen und Verhinderungen offenbart die vernetzte Tiefenstruktur des Problems und eröffnet die Sicht auf die relevanten Aspekte. Das aber spielt sich, wie wir gesehen haben, ausschließlich auf der persönlichen Landkarte der Bedeutungen, also *intern* ab. Somit ist die ganze Fragetechnik selber eine Einübung in eine *interne Referenz*. Der Diamond-Ansatz ist damit ein Modell für eine selbst-bestimmte und selbst-bewußte Herangehensweise an ein bestimmtes Thema. Man lernt also, kurz gesagt, sich selber zur Referenz zu werden!

Bislang wurde die Dualität von Satz und Gegen-Satz überwiegend mit der Gegenüberstellung von Problem und Lösung besetzt. Und das ist sicherlich durch den Umstand gerechtfertigt, daß damit eines der größten praktischen Handlungsfelder für den Diamond gegeben ist. Weiter oben wurde aber bereits angemerkt, daß jede beliebige Gegenüberstellung zum Ausgangspunkt eines Diamond werden kann:

männlich/weiblich
Vorgesetzter/Mitarbeiter
Gefühl/Verstand
USW.

110

Genaugenommen gibt es fast nichts, das nicht als *Satz* Startpunkt einer Diamond-Arbeit werden könnte. Und manchmal besteht der erste Schritt sogar erst in der Auffindung oder Entwicklung des entsprechenden *Gegen-Satzes*.

Mit diesen knappen und skizzenhaften Bemerkungen wollen wir es hier bewenden lassen. Deutlich sollte werden, daß für Weiterentwicklungen der Diamond-Technik (und des NLP) und für eigene kreative Kombinationen noch sehr, sehr viel Raum ist. Wir sind gespannt, was hierbei in Zukunft noch alles möglich sein wird ...

4. Der theoretische Hintergrund

Bisweilen wird davon gesprochen, daß die klassische Form der Rationalität überholt sei. Dieser Meinung schließen wir uns ausdrücklich an. Allerdings nicht von einem Standpunkt der Irrationalität aus, von dem aus diese Kritik häufig geäußert wird. Von einer rationalitätsfeindlichen Irrationalität will und kann sich die Diamond-Technik deutlich abgrenzen.

Das Konzept der Diamonds baut auf einem klaren theoretischen Fundament auf: Das Modell einer mehrwertigen Logik, wie es von dem Philosophen Gotthard Günther entwickelt worden ist. Auch wenn diese spezielle Theorie für die praktische Anwendung der Diamond-Technik meist nur von nachgeordneter Bedeutung sein wird, so ist es uns – auch vor dem oben angesprochenen Hintergrund her – ein wichtiges Anliegen, sie zumindest als grobe Skizze dem „Handwerkszeug" Diamond-Technik mit auf den Weg zu geben. Dazu wollen wir zunächst die Person Gotthard Günthers selber kurz vorstellen.

Gotthard Günther

Gotthard Günther wurde am 15.6.1900 in Schlesien geboren. Seine akademische Ausbildung begann er 1921 in Heidelberg, später wechselte er nach Berlin. Nach Studien asiatischer Sprachen und östlicher Philosophie wandte er sich schließlich der europäischen Philosophiegeschichte zu, wobei ihn besonders der Hegelsche Ansatz faszinierte. 1933 promovierte er bei Eduard Spranger zum Doktor der Philosophie. Zwischen 1935 und 1937 war er in Leipzig Assistent bei Arnold Gehlen. Danach folgte er seiner Frau, die als Jüdin emigrieren mußte, zunächst nach Italien, später nach Südafrika. Im Jahre 1940 übersiedelte er in die USA, deren Staatsbürgerschaft er acht Jahre später annahm. Seine akademische Tätigkeit begann er in Maine mit philosophischen Vorlesungen. Von 1945 an beschäftigte er sich mit neuen Formen mathematischer Logik und Kalkültechnik. Das war der Ausgangspunkt für sein Konzept einer mehrwertigen Logik.

1960 lernt er Warren McCulloch kennen, der ihn an das Biological Computer Laboratory (BCL) nach Urbana, Illinois, einlädt. Dieses von Heinz von Foerster geleitete Institut versammelte die wissenschaftliche Elite der damaligen Zeit aus den verschiedensten Bereichen der Grundlagenforschung. Neben Ashby und McCulloch arbeiteten dort auch Forscher wie Lars Löfgren oder Humberto Maturana. 1972 beendete er seine dortige Tätigkeit. Gastvorlesungen in Hamburg und Berlin, die er schon in den sechziger Jahren begonnen hatte, setzte er jedoch weiterhin fort. Am 29.11.1984 starb Gotthard Günther in Hamburg.

Von wenigen Publikationen und gelegentlichen Zitaten abgesehen, wurde Gotthard Günthers Werk bislang noch sehr wenig rezipiert. Das liegt sicherlich zu einem Teil an der unglücklichen wissenschaftsstrategischen Positionierung. Um Günther zu verstehen, braucht es sowohl Kenntnisse in Philosophie als auch in Mathematik und mathematischer Logik. So wird die eine Gruppe von Lesern durch Begriffe wie „transzendentales Subjekt bei Kant", „platonische Ideenlehre" oder „coincidentia oppositorum" von der weiteren Beschäftigung mit dem Güntherschen Werk abgehalten. Während auf der anderen Seite der eher philosophisch geschulte Teil der Leserschaft durch Begriffe wie „Binominalkoeffizienten", „Sterlingzahlen zweiter Ordnung" oder „Logische Konstanten" den Zugang erschwert bekommt.

Zu dieser „technischen" Problematik gesellt sich jedoch eine tiefere Schwierigkeit. Man kann es vielleicht so ausdrücken: Gotthard Günther mutet seinen Lesern einiges zu. So versucht er in seinen Arbeiten den Nachweis, „daß eine geschichtliche Epoche allergrößten Formats ihrem unwiderruflichen Ende zugeht und daß ihr Ende auch die Theorie jenes Denkens umfaßt, das unser Leitstern während der letzten zwei Jahrtausende gewesen ist."

Wenn man sich vergegenwärtigt, wie schwer es vielen fällt, die Vorstellung zu akzeptieren, daß die moderne Epoche vielleicht an ihr Ende gekommen ist und durch eine wie auch immer geartete „Post-Moderne" abgelöst wird, so wird die Einschätzung Günthers in ihrem ganzen Gewicht deutlich. Es handelt sich nicht nur um die Epoche der letzten 500 Jahre, von denen es sich emotional und intellektuell zu verabschieden gilt, sondern um mehr als die letzten zwei Jahrtausende, also die gesamte Ära klassisch abendländischen Denkens. Das ist sicherlich eine „Zumutung" und eine Herausforderung. Denn auch wenn die Grenzen und Bruchstellen klassischer Rationalität an vielen Stellen offen zutage getreten sind, repariert man lieber noch an dem alten Dach und versucht es abzudichten, als daß man eine komplette Sanierung ins Auge fassen würde. So wird es wohl erst den nächsten Jahrzehnten vorbehalten bleiben, Gotthard Günther jenen Stellenwert zuzuweisen, der ihm in der Geistes- und Wissenschaftsgeschichte unseres Erachtens zusteht.

Die „bunte" mehrwertige Logik

Gotthard Günther kam von zwei wissenschaftlichen Richtungen her. Zum einen von der Philosophie, hier besonders dem Deutschen Idealismus, zum anderen von der Logik. Beide Ansätze sind in sein Werk eingeflossen. Günther hat es unternommen, die philosophischen bzw. ontologischen Grundlagen des klassischen zweiwertigen Denkens zu untersuchen und zu dekonstruieren. Er stieß dabei auf die antike Annahme eines einheitlichen Seinszusammenhanges der Welt, wie er durch den Begriff „Uni-versum" zum Ausdruck kommt. Alles ordnet sich hier der (objektiven) Kategorie des *Seins* unter. Auf dieser Voraussetzung baut nach Günther die gesamte abendländische Wissenschaftsgeschichte auf. Kann es denn über das *Sein* hinaus noch etwas anderes geben? Ist nicht jenseits von *Sein* einfach nur

Nichts? Alles, was ist, *ist* ja schließlich, oder etwa nicht? Nun, in den Günther-schen Untersuchungen zeigt es sich, daß es vor allem einen Bereich gibt, der sich nicht adäquat unter die Seins-Kategorie fassen läßt: Subjektivität. Eine Person ist *mehr* als ein Ding. Und um diesem Mehr wissenschaftlich gerecht zu werden, braucht es eine mehrwertige Beschreibung. Eine zweiwertige Logik mit den Kategorien von wahr/falsch oder von Sein/Nichts reicht hier nicht hin.

Nehmen wir als Beispiel, daß jemand an ein Klavier denkt. Welchen Status nimmt nun dieses Klavier in seinem Kopf ein? Ist es dem *Sein* oder dem *Nichts* zuzuordnen? Beide Antworten bringen uns in Verlegenheit und sind irgendwie richtig und gleichzeitig nicht richtig. Denn natürlich existiert das Klavier in den Gedanken nicht so wie das tatsächliche Klavier in einem Musikraum. Das läßt uns eher die *Nichts*-Variante wählen. Auf der anderen Seite ist es aber auch nicht so, daß es dieses Klavier überhaupt nicht geben würde. Soll man ihm also doch ein *Sein* zubilligen? Wer mit dem Diamond vertraut ist, bemerkt, daß einem in dieser Situation das Pleroma und das Kenoma zu Hilfe kommen. Denn das Klavier *ist* und gleichzeitig *ist* es *nicht* (Pleroma), und weder *ist* es, noch *ist* es *nicht* (Kenoma). Bezeichnen wir den einen Wert als 1 (Sein) und den anderen als 2 (Nichts), dann benötigen wir jetzt einen dritten Wert, die 3. Es lassen sich jetzt drei Werte unterscheiden:

▶ Ein Klavier im Musikraum (1)
▶ Ein leerer Musikraum (ein „Nicht-Klavier") (2)
▶ Ein Klavier in Gedanken (3)

Damit wird aber die klassische Logik verlassen, wonach ein Drittes kategorisch ausgeschlossen ist. *Tertium non datur* war die lateinische Bezeichnung für dieses Gesetz der Logik. Schon Hegel hatte darauf hingewiesen, daß aber z.B. das *Werden* etwas ist, daß weder ganz dem *Sein, noch dem Nichts* zuzurechnen ist. Von dort her entwickelte er seine Philosophie, wonach in einem ständigen Prozeß Thesen und Antithesen (Sätze und Gegen-Sätze) zu *Synthesen* verbunden bzw. überstiegen werden. Es braucht aber ein Drittes, um diese Synthesen zum Ausdruck bringen zu können. Sobald es aber eine 3 gibt, sind wir bei einer logischen Mehrwertigkeit angelangt.

Solange wir es mit leblosen Dingen zu tun haben, ist eine zweiwertige Logik völlig ausreichend. Entweder ist ein Klavier in der Wohnung oder es ist kein Klavier in der Wohnung. Beides zusammen oder keines von beiden ist logisch unmöglich. Damit haben wir fast schon alle Basisregeln der klassischen Logik. Das erste ist uns bereits begegnet, es ist das Gesetz der Identität. Ein Klavier ist ein Klavier. A = A. Das zweite Gesetz ist der verbotene Widerspruch. Es kann nicht zugleich ein Klavier und kein Klavier im Haus sein. Das dritte Gesetz ist das ausgeschlossene Dritte. Das besagt, daß auf jeden Fall eines der beiden Fälle eintreten *muß*: Entweder es gibt ein Klavier (Fall 1) oder es gibt kein Klavier im Haus (Fall 2). Einen Fall 3 gibt es hier nicht. Er ist kategorisch ausgeschlossen. Wenn es um *Dinge* geht, ist diese zweiwertige Logik in ihrer Klarheit, Einfachheit und Eleganz unschlagbar. Die Naturwissenschaften, die auf diesem Denken aufbauen, geben in ihren Errungenschaften eindrucksvolles Zeugnis davon. Diese Bravour hört aber auf, sobald *Leben* und Subjektivität ins Spiel kommen, wenn wir es also mit *Prozessen* und *Personen* zu tun haben. Dann tauchen so seltsame „Dinge" wie *Werden* und *gedachte Klaviere* auf. Hier aber *braucht* es das logische Dritte!

Wo aber steckt das Dritte? An welchen Ort kann man es sich denken? Wenn die 3 zwischen der 1 und der 2 steht, ist man formal bei einer Mehrwertigkeit angelangt, aber der Boden klassischer Rationalität wird nicht verlassen.

Die 3 kann dann als Wahrscheinlichkeit gedeutet werden oder als Modalität (z.B. „unbestimmt"). Z.B. ist die Fuzzy-Logik eine mehrwertige Logik in diesem Sinne. Die exakte Unterscheidung von 1 und 2 (entweder/oder) wird dadurch relativiert, daß man bewußt gewisse Unschärfen zuläßt. Etwas ist dann vielleicht *eher wahr* oder *höchstwahrscheinlich wahr*.

Etwas ganz anderes ist es, wenn die 3 den bisherigen Rahmen verläßt, der durch 1 und 2 vorgegeben wird:

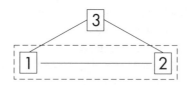

Hier ist 3 keine Mischung und kein Kompromiß mehr aus 1 und 2, sondern etwas völlig anderes und eigenständiges. Der Spaß am Schachspielen (3) etwa ist keine Kombination aus Gewinnen (1) und Verlieren (1).

Das logische System mit drei Werten besteht aus formal drei zweiwertigen Systemen (1-2, 1-3, 2-3), die jeweils vollkommen der klassischen Logik gehorchen. Hinzu kommt jetzt aber, daß es Operationen gibt, die den Übergang von einem System zu einem anderen ermöglichen: „Gewinnen – Verlieren" ist ein zweiwertiges System, genauso wie „Spaß haben – nicht Spaß haben". Aber nun gibt es eine Brücke von „Gewinnen – Verlieren" zu „Spaß haben – nicht Spaß haben". (Mit dem Diamond haben wir sie überschritten.)

Gotthard Günther war nicht der erste, der mit einer mehrwertigen Logik operierte. Vielmehr konnte er auf eine Tradition zurückgreifen, die bis zu den zwanziger Jahren unseres Jahrhunderts zurückreicht und mit Namen wie Emil Post oder Jan Lukasiewicz verbunden ist. Wie bereits kurz erwähnt unterscheiden sich deren Ansätze jedoch deutlich von der Mehrwertigkeit Gotthard Günthers: Die zu den beiden klassischen Werten 1 und 2 neu eingeführten Belegungen wurden meist inhaltlich gefüllt und thematisch zwischen die alten Belegungen plaziert. Auf den Basis-Diamond übertragen, würde das bedeuten, daß man Zwischenstationen auf der Strecke zwischen Satz und Gegen-Satz eingeführt hätte. Neben dem starren System „Gewinnen oder Verlieren" wären jetzt nuanciertere Abstufungen möglich: „wahrscheinlich gewinnen", „ein Gewinn ist möglich" oder „82 % Siegeswahrscheinlichkeit". Von dem Kenoma „Spaß" wäre immer noch nicht die Rede. Deshalb können diese Ansätze lediglich als Erweiterung *innerhalb* der bestehenden Logik angesehen werden. Und es bestünde auch noch keine Möglichkeit, das ursprüngliche System Satz/Gegen-Satz im Pleroma und im Kenoma zu verlassen.

Mit der 3 wird bei Günther angezeigt, daß die angebotene Alternative von 1 oder 2 insgesamt verworfen wird (Rejektion). Damit entspricht sie dem, was Hegel als die *zweite Negation* in die Philosophie eingeführt hat. Ein dreiwertiges System verfügt nicht mehr nur über eine, sondern bereits über zwei Negationen. Wenn *Verlieren im Schach* mit 1 und *Gewinnen* mit 2 dargestellt wird, dann kann *nicht Verlieren* entweder *Gewinnen* bedeuten (2) oder eben *Spaß haben* (3). Mit dem Spaß wird die zweiwertige Alternative (gewinnen oder verlieren) als System insgesamt verworfen, bzw. es wird davon *abgesehen*. Damit entsteht nun eine völlig andere Qualität als bei anderen mehrwertigen Logiken, auch wenn der mathematische Formalismus sich sehr ähnlich dargestellt.

Damit kommen wir zu dem wichtigen Begriff der *Negation*. Sie ist eine Operation, die sich formal wie folgt definiert:

A	nicht-A
1	2
2	1

Durch die Negation wird aus der 1 eine 2 und umgekehrt. Eine doppelte Verneinung ist wieder der ursprüngliche Wert. „Nicht nicht Spaß haben" bedeutet *Spaß haben*.

Die zweite Negation ersetzt die 2 durch eine 3 und umgekehrt. Der Mechanismus läßt sich beliebig fortsetzen. Allgemein ist also die n-te Negation so definiert, daß sie n durch n + 1 ersetzt und n + 1 durch n.

A	nicht-A
n	n + 1
n + 1	n

In der klassischen Konzeption spielt das alles keine Rolle, weil es ohnehin nur eine Negation gibt, die *wahr* (1) in *falsch* (2) transformiert und umgekehrt.

Bei drei Werten braucht man nicht Schluß zu machen. Genauso problemlos lassen sich nun vier- oder fünfwertige Systeme erstellen. Die Zahl der zweiwertigen Subsysteme wächst dadurch rapide an. Bei einer Vierwertigkeit sind es bereits 6, bei einer Fünfwertigkeit gar schon 10 solcher zweiwertigen Systeme:

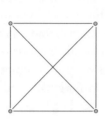 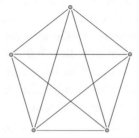

Der allgemeine Fall sind beliebige n-wertige Systeme und dieses *n* kann sogar gegen unendlich gehen. An der grundlegenden logischen Form ändert sich dadurch nichts. Immer gibt es „klassische" zweiwertige Sub-Systeme, die in einem größeren, mehrwertigen Zusammenhang eingebettet sind. Diese Sub-Systeme nennt Günther mit einem alten Wort für „Kontexte" *Kontexturen*. Das Ergebnis ist also eine beliebig große Anzahl von solchen Kontexturen, die sich gegenseitig überlappen und durchdringen. Man spricht deshalb auch von einer *Polykontexturalen Logik* (PKL).

Die Kontexturen sind *lokale* Bereiche der Logik. In jeder Kontextur gilt, wie schon angemerkt, die übliche zweiwertige Logik mit all ihren Regeln. Neu hinzugekommen sind nun aber logische Operatoren, sogenannte *Transjunktoren*, die einen exakten Wechsel von einer Kontextur in die nächste vollziehen. Das System Satz/Gegen-Satz stellt eine solche einfache Kontextur dar. Entweder man gewinnt beim Schachspielen oder man gewinnt nicht. Es ist unmöglich, gleichzeitig zu gewinnen und nicht zu gewinnen, und der Satz „entweder gewinne ich oder ich gewinne nicht" ist auf jeden Fall wahr, ganz egal wie der tatsächliche Spielverlauf war. Alle Gesetze klassisch logischen Denkens behalten also weiterhin ihre Gültigkeit. Was der Diamond sichtbar und erfahrbar macht, ist die Tatsache, daß sich Schachspielen nicht nur in dieser einen Kontextur (Gewinnen – nicht gewinnen) befindet, sondern an vielen anderen Kontexturen Anteil hat. Z.B.: Spaß haben – nicht Spaß haben, Geld damit verdienen – nicht Geld damit verdienen usw. Auch in diesen weiteren Kontexturen gilt die klassische Logik. Entweder verdient man mit dem Schachspielen Geld oder man verdient keines.

Die neue „trans-klassische" Qualität der Güntherschen Mehrwertigkeit besteht darin, diese Kontexturen in einer genau angebbaren und mathematisch exakten Weise verbinden zu können. Wenn jemand auf die Frage, ob er beim Schachspielen gewonnen oder verloren habe, antwortet, er hätte vor allem „Spaß gehabt", so begeht er nach klassischer Auffassung ein logisches Foul. Einen „Sprung auf eine andere Ebene" nannte man das, und dies war verboten. Eine Kontextur konnte nicht verlassen werden. Der Grund dafür lag schlicht und einfach darin, daß es so etwas wie einen Kontextur-Begriff überhaupt nicht gab und im abendländischen Denken auch gar keinen Sinn gemacht hätte. Schließlich wurde ja der ganze Kosmos wie eine einzige Kontextur behandelt (Uni-versum). Damit war die gesamte Welt auch der einen und auch einzig denkbaren Rationalität unterworfen. Dadurch wird verständlich, warum das Dritte in der Logik so entschieden ausgeschlossen werden mußte. Denn es hätte nichts weniger bedeutet, als daß man das Universum, also die Gesamtheit von allem, was ist, verlassen hätte.

In einem polykontexturalen Weltbild hingegen stellt sich das Problem in dieser Weise gar nicht. Hier verläßt das jeweils Dritte nur eine von vielen Kontexturen zugunsten einer anderen. Aber es verläßt nicht mehr den logischen Kosmos insgesamt. Zudem ist der Wechsel der Kontextur kein unvernünftiger Akt mehr, sondern eine mathematisch angebbare und berechenbare Operation.

Um zu verstehen, warum die Negation *strukturinvariant* ist, also nur Inhalte austauscht, aber die Struktur unverändert beläßt, muß das Günthersche Konzept der *Kenogramme* kurz vorgestellt werden. Der Name *Kenogramm* leitet sich vom Griechischen ab und bedeutet „Leerzeichen". Kenogramme stellen eine logische Ebene dar, die noch unterhalb der Wertbelegungen von *wahr* und *falsch* liegen, die die beiden Basiswerte der logischen Zweiwertigkeit sind. Daß die beiden Werte in einer formalen Weise mit 1 und 2 identifiziert werden, ist schon ein erster wichtiger Schritt dorthin. Jetzt ist es schon möglich geworden, nach der 3, der 4 usw. zu fragen. Also etwas, was die inhaltlich gefüllten Werte *wahr* und *falsch* nicht ohne weiteres zugelassen hätten. Man braucht nur die beiden folgenden Fragestellungen zu vergleichen:

1. Was gibt es außer *wahr* und *falsch* noch?

2. Was gibt es außer 1 und 2 noch?

Aber Günther ist mit den *Kenogrammen* noch einen wichtigen Schritt weitergegangen. Diese sind zunächst völlig von jedem Inhalt befreit und können dadurch ein Zeichen für beliebige Inhalte werden. Die Aufgabe dieser Kenogramme ist es, Differenzen zu markieren. Was darunter zu verstehen ist, macht folgendes Beispiel deutlich. Nehmen wir an, wir hätten zwei Aussagen, von denen die erste wahr und die zweite falsch ist. Es gibt also eine Folge, die man kurz so anschreiben könnte: wahr – falsch. Oder abgekürzt: 1 – 2

Nun zu den Kenogrammen. Um ihre inhaltliche Mehrdeutigkeit (Leere) auszudrücken, verwendet Günther einfache geometrische Symbole wie das Viereck, das Dreieck oder den Kreis: ■ ▲ ○. Die obige Folge läßt sich jetzt mit den Kenogrammen so schreiben:

■ ▲

Das kann *wahr – falsch* bedeuten, aber genausogut auch *falsch – wahr*. Zwei verschiedene Kenogramme drücken also nur aus, daß die zweite Aussage anders ist als die erste. Während

■ ■

bedeuten würde, daß beide Aussagen gleich sind. Also entweder *wahr – wahr* oder *falsch – falsch*. Da wir auch in der Wahl der Kenogramme völlige Freiheit haben, hätten wir auch schreiben können:

▲ ▲

oder   ○ ○

Diese Kenogramme lassen sich nun zu längeren Ketten verbinden und nach speziellen Regeln umformen und bearbeiten. Damit sind wir dann bei der sogenannten *Kenogrammatik* angelangt, die in Günthers Werk einen wichtigen Stellenwert einnimmt. Wir müssen aber gar nicht sehr tief in diese spezielle Grammatik einsteigen, um erkennen zu können, daß eine Negation auf der Ebene der Kenogramme keinerlei Veränderung bewirkt. Die Negation von *wahr – falsch* ist *falsch – wahr*. Beides schreibt sich aber als Kenogramm völlig gleich: ■ ▲

Das heißt, Negationen verändern an der Struktur von Aussagen überhaupt nichts, wenn man sie auf der Kenogramm-Ebene betrachtet.

Außerdem ist es Gotthard Günther gelungen, auf der Ebene der Kenogramme nachzuweisen, daß die herkömmliche zweiwertige Logik in einem mathematischen Sinn *unvollständig* ist und sich eine Komplettierung durch eine Mehrwertigkeit geradezu aufdrängt.

Ausgangspunkt dafür war die sogenannte *Wertetafel* der klassischen Logik. Diese kommt in folgender Weise zustande: Eine einzige Aussage kann strenggenommen nur *wahr* oder *falsch* sein. Das wird mit w und f abgekürzt. Bei zwei Aussagen gibt es vier Möglichkeiten. Sie können beide wahr sein, beide falsch oder jeweils eine der beiden falsch, die andere wahr sein. Bezeichnen wir die beiden Aussagen als p und q, dann läßt sich das folgendermaßen schreiben:

p	q
w	w
w	f
f	w
f	f

Die klassische Wertetafel gibt nun an, welche Wahrheitswerte den jeweiligen Operationen zukommen. So ist etwa die *Disjunktion* (p v q, in Worten: p oder q) folgendermaßen bestimmt:

p	q	q v q
w	w	w
w	f	w
f	w	w
f	f	f

Die Disjunktion ist also nur falsch, wenn beide Werte falsch sind. Ich sehe mir das Schachfinale an, wenn entweder Kasparow (p) oder wenn Karpow (q) spielt und natürlich auch, wenn beide gegeneinander spielen. Erst, wenn beide nicht spielen würden (ff), würde ich mir das Spiel nicht ansehen (f). Die rechte Reihe wwwf ist die erste Viererfolge der Wertetafel. Ohne auf die Ableitung der weiteren Werte (Konjunktion, Implikation etc.) hier näher eingehen zu müssen, ergeben sich insgesamt 16 solcher Reihen.

Wie sich zudem beweisen läßt, sind auch kompliziertere logische Funktionen stets auf Elemente von zwei Variablen (p, q) zurückzuführen. Somit brauchen keine eigenen Formeln für drei Elemente (p, q, r) entwickelt zu werden. Auch in diesem Sinne ist die klassische Wertetafel mit 16 Belegungen vollständig. Es gibt also nicht nur keine weiteren Möglichkeiten der Kombination von w und f, sondern überdies besteht keine Notwendigkeit, das Schema für mehr als zwei Aussageelemente zu erweitern. Hier kommen nun aber die Kenogramme zum Zug. Kenogrammatisch angeschrieben reduzieren sich die 16 Fälle auf 8, weil ja z.B. ■■■▲ sowohl für wwwf als auch für fffw stehen kann.

Nun gibt es aber von der Kombinatorik her nicht nur diese 8 Möglichkeiten, Reihen mit vier Kenogrammen zu bilden, sondern zusätzlich 7 andere Kombinationen! Insgesamt also 15 (■ ■ ■ ■, ■ ■ ■ ▲, ..., ■ ▲ ○ ◆).

Wie man sieht, werden noch zwei weitere Kenogramme benötigt (○ und ◆). Damit ist aber der Überstieg zu einer Mehrwertigkeit vollzogen. Auf der strukturellen Ebene der „Leerzeichen" ist aus einer klassischen Zweiwertigkeit eine trans-klassische Vierwertigkeit geworden. Der Grund dafür liegt also erst einmal in dem Anliegen einer mathematischen Vollständigkeit.

Was zunächst vielleicht wie eine mathematische Spielerei aussehen mag, offenbart bei näherer Betrachtung allerdings eine große philosophische Radikalität mit weitreichenden Konsequenzen. Einen ersten Eindruck davon hat vielleicht die Diamond-Technik schon vermitteln können, wo es um Lösungen jenseits von Negationen geht.

Kenogramme können so interpretiert werden, daß sie jeder denkbaren Zeichenhaftigkeit vorausgehen bzw. ihr zugrundeliegen. Kenogramme sind dann überhaupt erst die *Bedingung der Möglichkeit* von Differenzen-Bildungen und von Zeichen. Sei es, daß es sich nun um Buchstaben, Zahlen oder logische Symbole handelt. Deshalb kann man zum einen sehr viel und zum anderen sehr wenig zur Kenogrammatik sagen. Selbst die mathematischen Formalismen sind noch ein Notbehelf, um in dieser Situation überhaupt noch etwas auszudrücken. Kenogramme sind damit in einem eigentümlichen Sinne jenseits von Sprechen und Schweigen. Das bedeutet aber erneut, daß auch diese theoretischen Grundlagen des Diamond nur in der paradoxen Form eines Diamond selber zu beschreiben sind. Auch hier kann also nicht mehr gesagt werden: So ist es – oder: So ist es nicht. Sobald ein Satz aufgestellt wird, ist auch schon der Gegen-Satz zur Stelle und hat beste Gründe für sich vorzubringen.

Wenn man ein passendes Musikstück für die Kenogrammatik und den Diamond finden wollte, so würde sich wohl John Cages Stück *lectures on nothing* anbieten. Dieses Stück besteht aus nichts anderem als zehn Minuten Schweigen! Damit ist es keine Musik, einerseits. Andererseits ist es doch wieder eine Art Musik. Es ist Musik und gleichzeitig keine Musik. Und natürlich: Weder ist es Musik, noch ist es keine Musik!

Möglichkeiten der mehrwertigen Logik

Mit dieser Güntherschen Form der Mehrwertigkeit werden die Grundfesten klassischer Rationalität erschüttert. Nicht nur wird die Gültigkeit des Fundamentalsatzes *Tertium non datur* (Ein Drittes gibt es nicht) aufgehoben, denn ein Drittes gibt es ja nun. Es ist auch nicht mehr in jedem Fall zutreffend, daß zwei Negationen sich gegenseitig aufheben und zur ersten Aussage zurückkehren. Denn 1 kann zur 2 werden, diese 2 aber nun zur 3! Also nur, wenn man zweimal *dieselbe* Negation ausführt, entsteht wieder der ursprüngliche Wert.

Die Einführung der 3 entspricht also der Einführung der *Rejektion*, wie wir sie weiter oben dargestellt haben. Wird auch noch der vierte Wert dazugekommen, wie er sich etwa über die Kenogramme ergeben hat, so kann schon zwischen zwei Arten von Absehen unterschieden werden. Z.B. kann dann formal differenziert werden, ob ein Ich (3) oder ein Du (4) die ursprüngliche Alternative 1 – 2 verwirft. Oder ob jemand als interner (3) oder als externer Beobachter (4) etwas verwirft. Damit leistet die Günthersche Mehrwertigkeit einen ganz entscheidenden Beitrag für die Diskussion, wie ein Beobachter sich selber in seine eigene Beobachtung aufnehmen kann. Doch bevor das noch deutlicher zutage treten wird, sollen zunächst noch einmal die Struktur und die Konsequenzen der klassisch zweiwertigen Rationalität zur Sprache kommen.

Im 4. Jh. v. Chr. hat der griechische Philosoph Aristoteles eine Logik formuliert, die in ihrem Kern noch heute die Grundlage unseres Denkens darstellt. Es gibt als Basiswerte nur die beiden Alternativen *wahr* und *falsch*. Dieses Modell des Denkens entsprach einem Weltbild, das sich aus Paarungen zusammensetzte, die sich gegenseitig ausschließen, wie etwa *Form – Materie*. Das allgemeinste und alles begründende Gegensatzpaar war *Sein – Nichts*.

In einem zweiwertigen System kann nur ein Wert als *designierend* (bezeichnend) ausgewiesen werden, wie die Logik sagt. Der andere Wert wird als *nicht-designierend* (nicht bezeichnend) benötigt. Der zweite Wert ist gleichsam nur der Hintergrund, die Folie, auf der die Designation zur Geltung kommen kann. Um schreiben zu können, braucht es mindestens zwei Farben. Etwa ein *weißes* Blatt Papier und eine *schwarze* Tinte. Oder eine *schwarze* Tafel und eine *weiße* Kreide. Geschrieben wird nur mit einer Farbe. Diese Farbe ist somit die „eigentliche", die *designierende* Farbe, während das weiße Papier oder die schwarze Tafel lediglich den notwendigen Kontrast zur Verfügung stellen. Deshalb kann sich ein zweiwertiges System eigentlich nur eines Themas annehmen. Günther spricht deshalb davon, daß die klassische Rationalität *monothematisch* ist.

Das belegt deutlich die Philosophiegeschichte. Das *eine* große Thema für die Antike und für die gesamte westliche Philosophiegeschichte bis hinauf zu unserer Epoche war das *Sein*. Eine solche Konzeption bietet aber nur geringen inneren Strukturreichtum. Die eine Negation, die in einer solchen Logik zur Verfügung steht, wechselt vom einen Wert (z.B. Sein) zum anderen (Nichts) und umgekehrt. Nichts ist das, was nicht Sein ist, und Sein ist das, was nicht Nichts ist. Das Sein steht im Zentrum, und das Nichts ist die schwarze Tafel, auf der es sichtbar wird.

In derselben Weise wird nun auch das Verhältnis von *Subjekt* und *Objekt* gedacht. Auch hier ist die spannende Frage, welcher der designierende Wert ist und welcher der nicht-designierende. Aus guten Gründen hat man sich in der Philosophiegeschichte meist für die Objektivität entschieden. Das bedeutet: Das Objektive wird mit dem Sein identifiziert, während die Subjektivität nur den Hintergrund dieser Denkoperationen bildet und gewissermaßen dem *Nichts* zugeordnet werden muß. Denn der Prozeß des Beobachtens und des Denkens und mit ihr das beobachtende und denkende Subjekt kann in einer solchen zweiwertigen Struktur nicht zum Ausdruck gebracht werden. Subjektivität ist der Ort, von dem aus die objektive Welt betrachtet, erforscht und verändert wird. Aber die ganze Konstruktion lebt davon, daß das Subjekt als Subjekt (d.h. als Beobachter) nicht aufscheint. Es verhält sich damit wie bei einem Privatdetektiv in einem Caféhaus, der durch die beiden ausgeschnittenen Löcher seiner Zeitung blickt und so tun muß, als sei er nicht Teil der Szene.

Dadurch wird auch das klassische wissenschaftliche Erkenntnisideal verständlich, wonach Forschungsergebnisse als um so seriöser und wertvoller gelten, je „objektiver" sie sind. Subjektives kann in einer solchen Sichtweise bestenfalls ein Störfaktor sein.

Der Beobachtungsort menschlicher Erkenntnis ist damit eigentümlicherweise „außerhalb" der dinglichen, objektiven Welt. Und konsequenterweise wurde er in der Geschichte des Denkens auch meist in jenseitige, metaphysische Gefilde verlegt. Die „Seele" des Menschen als dieser Erkenntnisort aber war dann etwas, über das man „objektiv" nichts mehr aussagen konnte. Das mußte und konnte man Poeten und Theologen überlassen.

Klassische Rationalität geht also auf einer tiefen strukturellen Ebene mit einer Ausblendung von Subjektivität einher. Wie wir gesehen haben, geschieht das deshalb, weil diese Logik nur monothematisch arbeiten kann. Entweder spricht man über das eine Thema *Objektives*, bei dem Subjektives nur die notwendige Hintergrundfolie liefert, oder man spricht umgekehrt nur über *Subjektives*, muß jetzt aber das Objektive zum bloßen Kontrastmittel degradieren. Die Wissenschaft konnte sich sinnvollerweise nur für ersteres entscheiden. Schließlich wollte sie ja zu Aussagen über die objektive Welt kommen. Nicht zuletzt aus dem Wissen um diese Einseitigkeit und aus dem „subjektiven" Ungenügen heraus traten jedoch immer wieder Gegenbewegungen auf den Plan, welche die zweite Variante bevorzugten. Notgedrungen mußten sie aber innerhalb der klassischen Logik ebenso einseitig sein. Philosophisch spiegelt sich das in dem langen Streit zwischen Materialisten und Idealisten, in dem beide Seiten immer nur vorläufige historische Siege verbuchen konnten.

Nun darf keinesfalls übersehen werden, daß in all jenen Bereichen, wo legitim auf den Beobachter als eigene Kategorie verzichtet werden kann, das objektive wissenschaftliche Denken überragende Erfolge zu verzeichnen hatte. Das gilt besonders für die Naturwissenschaften. Doch selbst hier ist das Beobachterproblem virulent geworden. Spätestens seit der Quantenphysik hat sich gezeigt, daß es auch theoretisch gar nicht mehr möglich ist, den Beobachter wegzudenken und aus der Physik herauszuhalten. Um so mehr gilt das für alle Sozial- und Geisteswissenschaften!

Das Subjekt in die Beschreibung aufzunehmen stößt aber auf zwei Probleme. Zum einen kann auch das Subjekt in der klassischen Form von Rationalität nur wieder als ein Objekt gedacht werden. Wir können, wie die Sprache verrät, das Subjekt als solches bloß wieder zum *Gegenstand* des Denkens machen, nicht jedoch das Subjekt als Subjekt denken. Das Subjekt betrachtet sich gewissermaßen von außen, dissoziiert, als eine objektive Gegebenheit. Dieses Schema läßt sich beliebig oft wiederholen. Es ist also ein Beobachter eines Beobachters eines Beobachters konstruierbar. Auf jeder Ebene der Reflexion scheint das Subjekt aber wieder nur als Objekt auf, so daß sich die Problematik der Subjektivität jeweils in die nächsthöhere Ebene verschiebt.

Neben dieser nicht sehr zielführenden Iteration von Ebenen sind das zweite große Problemfeld die logischen Widersprüche und Antinomien, die auftreten. Denn um Subjektivität einigermaßen angemessen wiedergeben zu können, müßten mindestens drei Beziehungen gleichzeitig darstellbar sein: (1) Ein Beobachter beobachtet ein Objekt, (2) ein Beobachter beobachtet sich und (3) der Beobachter beobachtet diese beiden Beobachtungen. Bislang existiert kein zufriedenstellender Ansatz innerhalb der klassischen Logik, der in der Lage wäre, diese Struktur widerspruchsfrei abzubilden. Das Computerprogramm, welches das ausrechnen müßte, würde also immer wieder Error-Meldungen ausspucken, sich in seltsamen Schleifen verfangen, aus denen es nicht mehr herauskommt, oder gar abstürzen.

Das liegt darin begründet, daß das klassische Denken dieser Aufgabe nur durch eine *Schachtelung von Ebenen* nachkommen kann. Hier treten aber die ganzen Schwierigkeiten zutage, die in der Logik spätestens seit Bertrand Russels Typentheorie bekannt sind. Operationen zwischen verschiedenen Ebenen müssen entweder verboten werden oder es entstehen Paradoxien wie: *Dieser Satz ist falsch!* Ist dieser Satz nun richtig oder ist er falsch?

Etwas theoretischer formuliert: Objektsprache und Metasprache dürfen nicht vermischt werden. Als kleine Illustration mögen folgende beiden Sätze dienen:
1. London ist eine europäische Hauptstadt.
2. London hat sechs Buchstaben.

Beide Sätze könnten verknüpft werden, was offenkundig Unsinn produzieren würde. Nicht jede europäische Hauptstadt hat sechs Buchstaben. „Paris" hat fünf, „Oslo" vier und „Rom" nur drei Buchstaben. Die Lösung liegt in der sauberen Markierung und Trennung der beiden Sprachsysteme. Denn Satz 2 müßte man exakt eigentlich so schreiben:

2. Der Name „London" hat sechs Buchstaben.

D.h. einmal scheint *London* in der Objektsprache und das andere Mal in der Metasprache auf. Beides darf nicht vermischt werden. Genau das würde aber nun passieren, wenn ein Beobachter einen Sachverhalt beobachtet, von dem er selbst ein Teil ist. Nehmen wir als Beispiel einen Berater, der mit einer Gruppe von drei Personen familientherapeutisch arbeitet. Also beispielsweise mit den Eltern und einem Kind. Vielleicht stellt er Fragen an den Vater, vielleicht Fragen an die Mutter und vielleicht an das Kind. Er beobachtet die drei, wie sie sich unterhalten, und er hört ihren Ausführungen zu. Daraus macht er sich ein Bild der Familiensituation und entwirft eine Interventionsstrategie. Das ist noch weitgehend unproblematisch. Nehmen wir aber nun an, er selbst sei der Vater. Dann wird die ganze Struktur deutlich komplizierter. Nun kann der Mann (als Berater) sich (als Vater) nicht mehr in der gleichen Weise beobachten wie die Mutter oder das Kind. Schon rein technisch verliert er also einen Großteil seiner bisherigen Objektivität. Selbst wenn er mit Video arbeitet und sich nachher alles anschauen könnte, wie sollte er sich z.B. selber Fragen stellen? Dazu kommen natürlich noch alle Schwierigkeiten bezüglich Parteilichkeit, Voreingenommenheit, „Betriebsblindheit" u.ä. Es bedarf keiner allzu großen Phantasie um zu erkennen, daß in einem solchen Rahmen eine vernünftige Therapie nicht mehr möglich ist.

In einer ähnlich schwierigen Lage befinden wir uns jedoch, wenn es um die Integration des Beobachters geht. Und hier gibt es keinen neutralen, externen Berater, den wir zu Hilfe holen könnten. Es bleibt damit nur die Wahl, weiterhin so zu tun, als wären wir außerhalb des Systems, und mit dieser Simplifizierung recht und schlecht zu leben oder aber Modelle zu entwickeln, wie Subjektivität theoretisch modelliert werden kann, ohne daß es zu unüberwindlichen logischen Widersprüchen kommt. Hier aber birgt der Ansatz der Mehrwertigkeit, wie ihn Gotthard Günther entwickelt hat, große Entwicklungsmöglichkeiten für die Zukunft. Er erlaubt es, die Komplexität über verschiedene Orte (Kontexturen) zu verteilen, die in sich völlig widerspruchsfrei und „zweiwertig" sind. Auf der anderen Seite sind diese Kontexturen in einer klaren Weise miteinander verbunden und vernetzt, so daß man also die verschiedenen Themen nicht nur in unterschiedliche Schubladen verteilt hat.

Zu diesem Punkt gesellt sich noch ein zweiter. Die Theorie Günthers macht es auch möglich, eine Vielzahl von Perspektiven als *vermittelte*, d.h. als logisch zusammenhängende zu konzipieren. Was ist damit gemeint? In den klassischen Denkmodellen gibt es eine ausgewiesene, alles bestimmende Über-Perspektive. Sie ist auf der Spitze der platonischen Begriffspyramide oder bei Gott. Es gibt *eine* letzte Wahrheit. Lediglich die Unzulänglichkeiten menschlicher Wahrnehmungsfähigkeit lassen uns dahinter zurückbleiben.

In diesem Zusammenhang wird bisweilen die Geschichte jener Dorfbewohner erzählt, die zum ersten Mal in Kontakt mit einem Elefanten kommen. Da es stockdunkle Nacht ist, und sie nur auf ihren Tastsinn angewiesen sind, greift der eine das Bein des Elefanten und findet, daß dieses unbekannte Etwas eine Art Baum ist. Ein anderer bekommt die Ohren zu greifen und ist überzeugt, daß das Ganze wie ein großes Segeltuch ist. Ein dritter wiederum prüft den Rüssel und meint, eine Art Riesenschlange vor sich zu haben, was heftig von dem verneint wird, der nur den Schwanz des Elefanten ertastet. Eine Schlange sei es zwar, aber eine doch eher kleine.

Illustriert werden soll in diesem Bild, daß man sich der Wahrheit am besten dadurch annähert, indem man die Einzelwahrnehmungen zusammenträgt, die nicht mehr für sich beanspruchen können, die alleinige Wahrheit zu verkörpern. Soweit ist das durchaus modern und „konstruktivistisch" gedacht. Unterstellt wird aber immer noch, daß es doch so etwas wie die eine Wahrheit gibt. In Wirklichkeit ist es eindeutig ein Elefant, und kein Baum und keine Schlange! Wäre allen plötzlich im wahrsten Sinne des Worte „ein Licht aufgegangen", hätten es alle sehen können bzw. sogar sehen müssen.

Was aber nun, wenn die Wirklichkeit nicht *die Wirklichkeit* ist? Wenn sich auch bei Licht besehen nicht alles in einmütiges und uniformes Wohlgefallen auflöst? Wenn aus dem einen angenommenen Grund ein Plural wird und man Dingen dann auf „die Gründe" gehen muß?

Nun, dann kann man z.B. so radikal werden wie der „Radikale Konstruktivismus". Hier ist der Wahrheitsbegriff nahezu obsolet geworden. Jeder Beobachter hat seine Wahrheit, Punkt. Jeder konstruiert sich seine, nur ihm eigene und nur ihm zugängliche Welt. Das geschieht in vollkommener (autopoietischer) Abgeschlossenheit. Es gibt nun – wie immer – gute Belege, die diesen philosophischen Ansatz stützen. Aber genauso gibt es – wie immer – gute Belege, daß das nicht so sein kann. Wie wären z.B. so etwas wie zwischenmenschliche Kommunikation und Verstehen dann überhaupt noch möglich?

Da also auch das nicht sehr zufriedenstellend ist, was bleibt noch als Alternative zwischen dem völligen Auseinanderfallen der konstruierten Welten und dem vormodernen Monismus der *einen* Wahrheit? Es müßte ein Ansatz sein, der in der Lage ist, Vielheiten zuzulassen und sie dennoch in einen vernünftigen Zusammenhang zu bringen. Genau das aber leistet die Günthersche Logik. Sie erlaubt es, eine Vielheit von Beobachtern (Subjekten) mit einer Vielheit von Beobachtungen (Objekten bzw. Erkenntniszugängen) in einem gemeinsamen System darzustellen. Und zwar, ohne daß eine einzige übergreifende Perspektive oder ein gemeinsamer singulärer *Grund* angenommen werden müßte.

Im Diamond hat jeder Knotenpunkt seine eigene Verortung, seine eigene Charakteristik und seine spezifischen Ermöglichungen und Verhinderungen. Dadurch hat die Vielheit einen Raum. Dennoch ist jeder Punkt in einer nachvollziehbaren und rationalen Weise in der Bedeutungslandkarte mit den anderen Punkten verbunden. Das geschieht aber nicht mehr durch Vereinheitlichung und Zentrierung. Vielmehr gibt es keine *eigentlichen* Punkte und keine *eigentlichen* Diamonds mehr. Mit welchem Recht könnte auch eine Kontextur für sich beanspruchen, *die* wahre zu sein? Ist „Gewinnen – Verlieren" besser oder schlechter, wahrer oder unwahrer als „Spaß haben – nicht Spaß haben"? Ist „Spaß haben – nicht Spaß haben" wahrer oder zentraler als „Geld verdienen – nicht Geld verdienen"? Im Diamond macht ein solch absolut wertendes Denken nicht mehr viel Sinn. Auch ist es einfach nicht mehr möglich, so zu tun, als ginge es *im Grunde* um... X. Alles andere wäre demnach nachrangig und sekundär. Im Diamond ist Wahrheit kein *globaler* Parameter mehr, sehr wohl aber ein höchst *lokaler*. Durch eine freie Setzung bestimme ich für mich: Jetzt geht es mir ums Gewinnen (oder um den Spaß, oder um das Geld, oder um...)!

Im klassischen Denken gibt es keinen vernünftigen Modus, anderes für wahr oder gut zu halten und trotzdem nicht die eigene konträre Meinung aufgeben zu müssen. Schließlich wird ja von der Annahme *einer* zugrundeliegenden Wahrheit ausgegangen. Die dadurch entstehende intellektuelle Lücke wird durch die (gute) Praxis der *Toleranz* ausgeglichen. Man läßt generös gelten, daß etwas auch anders gesehen und gedacht werden kann. Aber diese Toleranz funktioniert nur um den Preis eines Denkverzichtes für diese Stelle. Wo man vor sich oder vor anderen genötigt ist, kognitiv und argumentativ Stellung zu beziehen, da beginnt wieder das starre Entweder-Oder zu greifen. Toleranz hin, Toleranz her. Und man muß dann auf diplomatische und höfliche Abfederungen zurückgreifen, um das nicht so deutlich zutage treten zu lassen: *Entweder hast du Recht, oder ich habe Recht.* (Oder „bestenfalls" keiner von uns beiden.)

Hier eröffnet die Mehrwertigkeit eine neue Option. Jetzt gibt es die vernünftige (!) Möglichkeit, anderes als *wahr* anzunehmen oder zumindest für möglich zu halten, ohne die Wahrheit des eigenen Standpunktes aufgeben zu müssen.

Was das für die Praxis bedeutet, kann gar nicht genügend unterstrichen werden. Man müßte es nur einmal auf die letzten eigenen Konflikte mit anderen Menschen und auf die entsprechenden Streitgespräche anwenden. Konfliktlösungen bestehen dann nicht mehr aus der Suche nach der objektiven Wahrheit und der Einnahme einer übergreifenden Perspektive. Vielmehr geht es darum, die verschiedenen Perspektiven und die unterschiedlichen „Kontexturen" miteinander ins Spiel zu bringen, also die beteiligten Sichtweisen zu *vermitteln*. Sehr vereinfacht läßt sich das graphisch folgendermaßen darstellen:

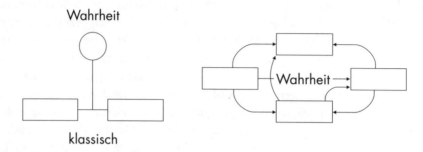

Klassisch sucht man nach der Wahrheit, nach der richtigen Sicht der Dinge, oder auch nach der gemeinsamen guten Absicht und den gemeinsamen Zielen. Erst durch diese Aufhebung der Gegensätze in einer höheren Instanz wird auch der Konflikt gelöst. Dieses Lösungsmuster ist zutiefst *hierarchisch* aufgebaut. Trans-klassisch hingegen sucht man nicht mehr das Heil in der absoluten Wahrheit oder der nächsthöheren Instanz. Jetzt geht es vielmehr darum, die beteiligten Kontexturen (Interessen, Sichtweisen, individuellen Wahrheiten, persönlichen Landkarten der Welt) in all ihrer Verwobenheit, Unterschiedlichkeit und Komplexität in ein gegenseitiges Gespräch zu bringen. So wie es zunehmend in Formen der Teamarbeit geschieht, wo klassische Modelle der Konfliktlösung (durch Hierarchie) oft nur mehr als eine *ultimo ratio*, d.h. als eine Notbremse für den Fall bereitstehen, daß die Vermittlungsbemühungen auf der betroffenen Ebene dauerhaft scheitern würden. Und gerade bei solchen selbstgesteuerten oder teilautonomen Teams wird die Erfahrung gemacht, daß solche *trans-klassischen* Lösungen häufiger möglich sind, als man klassischerweise vermuten würde. Ganz abgesehen davon, daß diese Teamlösungen meist auch stärker und für die Zukunft tragfähiger sind als von oben verordnete Lösungen.

Das bringt uns zu einer letzten Unterscheidung. In der Theorie Günthers kann man klar zwischen *komplizierten* und *komplexen* Systemen differenzieren. (Formal gesehen liegt der Unterschied zwischen einer Vermehrung von Variablen im ersten Fall und einer Vermehrung von Werten bei letzterem.) Ein kleines Beispiel soll das illustrieren. Die Rechnung

$$((-37 \times (157 + ((346 + 623) \times 25))) + (-784 \times 4) \times (23 \times (25 - 673))) - 12$$

ist zwar auf den ersten Blick vielleicht kompliziert, aber nicht komplex. Das bedeutet, sie kann ohne Fehler zuerst in ihren kleineren Bestandteilen und anschließend insgesamt ausgerechnet werden. Kompliziertheit ist damit der Bereich, wo Analyse ihre Stärke hat. Bei komplizierten Angelegenheiten gibt es keine *Superadditivität*. Das Ganze ist lediglich die Summe seiner Teile – und nicht mehr.

Anders verhält es sich bei *Komplexität*. Hier sind die Teile superadditiv. Zwar kann man auch hier analytisch vorgehen und zunächst die einzelnen Elemente untersuchen, aus denen das Ganze aufgebaut ist. Aber dabei geht immer irgend etwas verloren. So bestehen Moleküle zwar aus Atomen, aber Moleküle sind mehr als die Summe von Atomen. Eiweiß besteht zwar aus vielen Molekülen, aber Eiweiß ist mehr als die Summe dieser Moleküle usw.

Zweiwertige Logik ist nach Gotthard Günther das Instrument schlechthin für *komplizierte* Zusammenhänge, die sich verlustfrei analysieren lassen. Hier braucht es nur Methoden und Modelle, um der zumeist sehr großen Menge an Variablen gerecht zu werden. Deshalb verwundert es auch nicht, daß sich dieses zweiwertige Denken vor allem auf jene Bereiche verlegt, wo in legitimer Weise analytisch vorgegangen werden kann. Das ist vor allem im Bereich der Naturwissenschaft und der Technik der Fall. Um die physikalischen Eigenschaften eines großen Metallblockes zu kennen, genügt es im Grunde, ein einziges Metallmolekül zu untersuchen.

Zweiwertiges Denken verstrickt sich aber in Widersprüchen und Antinomien, wenn es *komplexe* Zusammenhänge erforschen soll. Das liegt darin begründet, daß es seiner Aufgabe nur durch eine Schachtelung von Ebenen, also durch Hierarchisierung nachkommen kann. Hier treten aber die ganzen Schwierigkeiten zutage, die weiter oben bereits zur Sprache kamen. London ist nicht dasselbe wie „London"! Eine strikte Trennung der Ebenen kürzt aber gerade wieder die Phänomene der Superaddition heraus. Eine komplexe Sache wird dann zu einer komplizierten verkürzt.

Hier setzt nun die Mehrwertigkeit an, die nicht (nur) die Variablenzahl erhöht, sondern vor allem die Anzahl der Werte. Dadurch wird eine Verteilung (eine sogenannte *Distribution*) von logischen Werten über eine Fläche ermöglicht. Auf dieser Fläche lassen sich dann unterschiedlichste Relationen widerspruchsfrei darstellen, weil sie über verschiedene Kontexturen verteilt werden. Auch Sachverhalte, die in einer Kontextur betrachtet unlogisch wären. Z.B. kann in einer ersten Kontextur gelten, daß A besser ist als B und B besser als C. Nach den Gesetzen der Logik (*Transitivität*) folgt nun, daß A auch besser ist als C. Das gilt aber, wie gesagt, nur für den lokalen Bereich *einer* Kontextur. Mit der Verteilung über mehrere Kontexturen ist es aber möglich, daß gleichzeitig in einer anderen Kontextur gilt: C ist besser als A!

Wofür braucht man ein *komplexes* Denken?

Nun, praktisch alle Bereiche, die das Leben reich und spannend machen, sind *komplex* (und manchmal auch kompliziert): die Kunst, die Liebe, die Persönlichkeit eines Menschen, die Spiritualität und nicht zuletzt das Leben selber. Manchmal macht es wenig Sinn, über diese „Dinge" nachzudenken. Da genießt man lieber und erlebt. Aber wenn man darüber nachdenkt, dann ist es einfach schade, wenn man es nur mit den Hilfsmitteln eines komplizierten Denkens macht. Dabei geht zuviel an Reichtum, Schönheit, Tiefe und Kraft verloren.

Wir hoffen, daß die Diamond-Technik nicht kompliziert ist!

Wir hoffen inständig, daß die Diamond-Technik komplex ist!

Literatur

Das Konzept einer „transklassischen" Logik findet sich in folgenden Texten Günthers:

Günther, Gotthard: *Idee und Grundriß einer Nicht-Aristotelischen Logik.* Mit einem Anhang „Materialien zur Formalisierung der Dialektischen Logik und Morphogrammatik 1973-75" von Rudolf Kaehr. Hamburg [2]1978.

Ders.: *Beiträge zu einer Grundlegung einer operationsfähigen Dialektik.* Bd. 1-3. Hamburg 1978/1980.

Ders.: *Das Bewußtsein der Maschinen. Eine Metaphysik der Kybernetik.* Baden-Baden/Krefeld 1963.

Aus der Literatur über Gotthard Günther und seine Arbeit sei lediglich auf ein Buch hingewiesen, das einen leicht verständlichen und kurz gefaßten Überblick über sein Werk und sein Anliegen bietet:

Klagenfurt, Kurt: *Technologische Zivilisation und transklassische Logik. Eine Einführung in die Technikphilosophie Gotthard Günthers.* Frankfurt a.M. 1995 [stw 1166].

Die beiden im Text erwähnten Techniken der Core Transformation *und des* kontrastierenden Fragerahmens *werden in folgenden Publikationen beschrieben:*

Andreas, C., Andreas, T.: *Der Weg zur inneren Quelle. Core-Transformation in der Praxis – Neue Dimensionen des NLP.* Paderborn [2]1997.

Hall, Chris: Nur in den Trainingsunterlagen gibt es schriftliches Material über den kontrastierenden Fragerahmen.

Eine Publikation über das Tetralemma von Matthias Varga von Kibéd ist (nach unserem Kenntnisstand) erst in Vorbereitung.